AF406875

ВИРГО ГОРОСКОП 2024

Анжелина А. Руби

Алина А. Руби

Издается самостоятельно

Все права защищены © 2024.

Астролог: Алина А. Руби

Редактирование: Алина. Руби и Анжелина А. Руби

rubiediciones29@gmail.com

Никакая часть данного ежегодника 2024 не может быть воспроизведена или передана в любой форме, любыми электронными или механическими средствами. Включая фотокопирование, запись или любые другие системы хранения и поиска информации, без предварительного письменного разрешения автора.

Кто такая Дева?

Даты проведения: 23 августа — 22 сентября

День: Среда

Цвет: коричневый

Элемент: Земля

Совместимость: Козерог, Рыбы, Телец и Рак

Символ:

Режим: Мотобольный

Полярность: Женское начало

Правящая планета: Меркурий

Дом: 6 (здравоохранение и сервис)

Металл: Ртуть

Кварц: сапфир, сердолик, амазонит.

Созвездие: Дева

Личность Девы

Рожденные под этим знаком открыты и, как правило, застенчивы, держат свои карты стратегически скрытыми. Трудно разгадать, о чем думает Дева, так как они очень осторожны в своих мыслях.

Девы почти всегда очень умны и изобретательны, они проводят много часов, размышляя над темами, о которых многие другие задумываются лишь временно.

Они обычно наблюдательны и терпеливы, иногда кажутся холодными, и на самом деле им трудно заводить больших друзей. Они целители зодиака, их сердце чисто и невинно. Ни один другой знак не может заставить людей чувствовать себя хорошо, они точно знают, что сказать в любой ситуации.

Они умеют ценить других, заботиться, защищать и создавать безопасные условия для того, чтобы их друзья могли в свое удовольствие оправиться от потерь и горестей. Он терпелив, искренен, отзывчив и ласков.

Они склонны быть сдержанными, дружелюбными и веселыми с другими людьми и могут помочь решить чужие проблемы с умением и здравым смыслом, которых им часто не хватает в собственных личных отношениях.

Они очень щедры на время и деньги, и их легко можно увидеть за общественной работой или участием в благотворительных акциях. В личном плане они внимательны к нуждам тех, кто живет с ними и в семье.

Дева не любит грязь, беспорядок, опасность, неясных людей и неопределенность. Девы чрезвычайно практичны и умны, они могут долго размышлять над любым вопросом, придумывать решения для выхода из сложных ситуаций и конфликтов, а также обладают экстрасенсорным зрением, позволяющим им видеть и осознавать многое из того, что не могут воспринять другие люди.

Они хорошо разбираются в музыке, науке и языках. Они обладают прекрасной памятью и могут успешно работать библиотекарями, делопроизводителями, бухгалтерами, учеными, социальными работниками, книгоиздателями.

Общий гороскоп для Девы

Дева. Этот год будет для Вас годом больших возможностей во всех сферах Вашей жизни. Разумеется, не обойдется и без трудностей, которые могут существенно повлиять на вашу карьеру и отношения.

Рекомендуется стремиться к достижению своих целей и сохранять баланс во всем, так как некоторые планы, скорее всего, придется отложить. Некоторые неудачи могут возникнуть из-за недостатка энергии, поэтому следует контролировать свои эмоции и исключить негативные мысли.

Если сосредоточиться, то можно без особых проблем решить все свои проблемы и добиться успеха. Для этого необходимо избавиться от нерешительности и отделить себя от устаревших взглядов.

В определенные периоды года Вы будете вынуждены прибегать к дипломатическим уловкам, чтобы избежать конфликтов с окружающими, особенно на работе.

Отпуск будет очень полезен семейным парам, он напомнит им о первых моментах их отношений. Те, кто состоит в паре, должны не забывать находить время для общения.

Для одиночек возможно все: и кратковременный страстный роман с человеком, с которым вы познакомитесь в социальных сетях, и серьезные отношения с коллегой, и романтическая прогулка с человеком, которого вы встретите на рынке.

У них возникнут некоторые семейные проблемы, но все они будут успешно разрешены.

На работе нужно стараться предлагать собственные решения проблем и брать на себя все дополнительные обязанности.

Финансы будут стабильными, хотя в некоторые периоды, в частности в середине года, существует вероятность снижения доходов или задержки платежей. На этих этапах следует отказаться от кредитов и, конечно, не давать деньги в долг.

При инвестировании следует прислушиваться к советам людей с большим опытом, чем у вас.

Ваша семья будет саботировать вашу экономику, поэтому вы должны быть очень организованны в отношении своих финансов. Важно помириться с близкими, так как в неожиданные моменты Вам может понадобиться их помощь.

В целом здоровье будет хорошим, но следует остерегаться инфекционных заболеваний и эпидемий. Не забывайте посещать врача для профилактики возможных хронических заболеваний.

Необходимо тщательно заботиться о здоровье кожи и глаз от вредного воздействия компьютера и сотовых телефонов.

В отдельные месяцы могут проявляться симптомы эмоционального истощения или депрессии, и способ борьбы с этим - чаще бывать на природе. Кроме того, прекрасное воздействие на здоровье окажут физические упражнения и медитация.

В целом год будет благополучным, несмотря на все перемены и непредсказуемые события. Следует воздерживаться от импульсивных поступков, проявлять терпение при жизни в неопределенных ситуациях и, прежде всего, использовать благоприятные обстоятельства.

Важно следовать своей интуиции, особенно в романтических отношениях. Принимайте *решения, но и не спешите, так как можете совершить ошибку.*

Любовь

В 2024 году вы можете открыть свое сердце и привлечь в свою жизнь новую любовь, так как вы будете более оптимистично смотреть на любовь. Это будет хороший год для романтических отношений, независимо от того, одиноки вы или женаты.

Вы получите много уроков любви, помня о том, как много вы отдаете и получаете.

В середине года трудности и проблемы могут стать весьма очевидными. Важно решать проблемы и иметь в своей жизни здоровую, поддерживающую любовь. У Вас будет время, чтобы сгладить ситуацию, особенно в периоды новолуния.

В периоды ретроградного движения Меркурия старые раны могут мешать вам, и важно разобраться с ними.

Ваша любовная жизнь и брак потребуют постоянных усилий и самоотдачи. С помощью звезд Вы сможете достичь хорошего баланса между эмоциями и романтикой. Некоторые Девы в течение года примут важные судьбоносные решения, касающиеся их любви или брака.

Экономика

В этом году Вы сможете добиться прогресса в реализации своих долгосрочных планов, и упорный и умный труд принесет свои плоды. Вы добьетесь признания и наладите контакты с важными людьми. Это может принести больше обязанностей, но Вы справитесь с ними.

В периоды новолуния перед Вами могут открываться новые возможности, и Вы будете очень успешны. Вам следует с энтузиазмом относиться к своим целям и концентрироваться на том, чего вы хотите достичь.

У Вас будет много энергии для достижения успеха, поскольку Вы станете более амбициозными и сосредоточенными. Это действительно прекрасный год для достижения успеха, поэтому начинайте работать над своими планами и подходите к выбору с умом, чтобы не упустить ни одной возможности.

Сосредоточьтесь на том, чем вы увлечены, соберите необходимую информацию и сделайте это правильным способом и по правильным причинам.

В периоды Полнолуния Вы будете достигать новых высот и не сбавлять темпа. Вы должны чувствовать себя комфортно, осознавая, как далеко Вы продвинулись за столь короткое время, и помнить, что Вы заслужили это после всех тяжелых трудов и испытаний, через которые прошли.

Если вам не нравится работа, которую вы выполняете, вы можете изменить ее. Постарайтесь сосредоточиться на любимой работе, чтобы уверенно выйти на новые горизонты.

Вы получите финансовое вознаграждение или новые ресурсы, которые облегчат вашу жизнь.

Лунные затмения помогут вам решить денежные проблемы, завершить финансовые соглашения, отпустить старые финансовые схемы.

Если у вас есть травмы, связанные с деньгами, то сейчас самое время понять и освободиться от этой энергии, чтобы двигаться вперед. Деньги не делают людей плохими; люди делают деньги плохими.

Солнечные затмения принесут вам большие финансовые возможности, и у вас не будет проблем с деньгами. Вы сможете добиться профессионального успеха, а вместе с ним и материального изобилия.

Вся ваша напряженная работа и последовательная деятельность в последние месяцы 2023 года окупится в 2024 году. Не забывайте следить за технологиями, которые будут способствовать вашему росту.

Планируйте, что вы сможете инвестировать в недвижимость, когда ваши финансы будут в порядке. В течение всего этого года планеты будут благоволить Вам, если Вы приложите усилия.

Дева постарайтесь не успокаиваться и продолжать упорно трудиться, вкладывая время и силы, чтобы у вас было светлое будущее.

Здоровье Девы

2024 год благословляет Вас хорошим здоровьем, и у Вас не будет серьезных забот, однако это не означает, что Вы должны быть осторожны. У Вас будет высокий уровень энергии, если Вы будете придерживаться хорошего физического режима, сбалансированной диеты и регулярно посещать врача.

В середине года из-за стресса у Вас возникнут проблемы с психическим здоровьем, поэтому старайтесь сохранять оптимизм. Старайтесь медитировать и заниматься спортом, по крайней мере, старайтесь чаще ходить пешком. Не проводите дни сидя или лежа за просмотром сериалов на Netflix.

Вам следует обратить внимание на то, как вы питаетесь, поскольку у вас, может быть, дефицит некоторых витаминов.

Берегите мышцы спины и остерегайтесь интоксикации напитками, при возникновении проблем может потребоваться госпитализация.

Семья

Сфера Вашего дома и семейной жизни в начале 2024 года будет находиться в беспорядке, но, скорее всего, он не продлится долго. Проблемы будут, но Вы будете знать, как их быстро решить.

Есть вероятность, что вы запланируете переезд или перестройку дома, вам придется взять на себя больше семейных обязанностей. В периоды Полнолуния вы сможете завершить любые изменения в доме и решить проблемы в семье.

Если вы хотите получить больше поддержки от своих близких, вам необходимо укрепить отношения с семьей или с теми, кого вы считаете семьей, т. е. с близкими друзьями.

В периоды ретроградного движения Меркурия будут всплывать проблемы в семье, которые еще не решены. Вы будете испытывать эмоциональный дискомфорт.

В некоторые периоды может пострадать здоровье членов Вашей семьи, а также финансы Вашего дома. На этих этапах у Вас будет много забот.

Важные даты

2/24 - *Полнолуние в Деве*. *Это, как правило, время сильных эмоций, и вы можете увидеть результаты того, что вы делали до сих пор. Вы можете быть чувствительны и более сосредоточены на себе. Постарайтесь дать себе передышку.*

7/25 - Меркурий входит в знак Девы

8/ 5- Венера входит в знак Девы.

8/ 5- Меркурий начинает ретроградное движение в Деве. *Постарайтесь быть мягкими с собой, не требуйте от себя совершенства и планируйте до начала ретроградного движения решение мелочей, чтобы не беспокоиться о них во время ретроградного движения. Это благоприятный период для получения второго шанса, поэтому сосредоточьтесь на этом.*

08/22- Солнце входит в знак **Девы.**

9/ 03- Новолуние в Деве. *Обычно это хорошее время для энергии, энтузиазма и возможностей. Возможно, появятся новые возможности, которые вызовут у Вас энтузиазм, и Вы сможете сосредоточиться на том, что хотите сделать для себя. Вы можете взять инициативу в свои руки и добиться желаемого.*

09/18- Частичное лунное затмение в Рыбах, вашем противоположном знаке

Гороскопы Девы на месяц 2024 года

Январь 2024 г.

Этот месяц не располагает к переменам и принятию важных решений, но, если интуиция подсказывает, что это сработает, действуйте по наитию.

Жизнь в паре будет очень сложной. Есть тенденция к спорам и разногласиям. Эти конфликты могут происходить и в других близких отношениях, например, с лучшими друзьями.

Вы можете легко потерять терпение и стать очень требовательным и ревнивым. В течение этого месяца у Вас накопится много проблем, и настанет время их решать.

Вы должны внести необходимые коррективы, потому что в этом случае вы будете лучше функционировать, чтобы продвигать свои проекты.

Вы будете вовлечены в судебные процессы, которые не будут благоприятствовать Вам, так как будут иметь место столкновения с заявленными противниками. Постарайтесь вести себя дипломатично, чтобы не обострять подобные конфликты.

Вы станете объектом клеветы, скандала или зависти, и Вам будет трудно сохранить свое нынешнее положение. Вы не будете довольны своей удачей, но важно, чтобы перед лицом любых трудностей Вы сохраняли позитивный настрой. Ошибки прошлого станут главной причиной этих неудобств. Вы должны посмотреть им в лицо и по возможности исправить их.

Фантазии будут мешать вашей личной жизни. Если Вы замужем или помолвлены, то Ваш партнер станет для Вас заземлением. Если у Вас никого нет, не мучайтесь фантазиями и иллюзиями, возникающими при каждой встрече, так как Вы будете очень романтичны и привязчивы.

Вполне вероятно, что в вашем доме будут возникать конфликты, которые будут нарушать ваш душевный покой. Постарайтесь не вовлекаться в проблемы эмоционально, используйте рассудок, чтобы лучше анализировать свои реакции. Из-за отсутствия эмоционального равновесия вероятны некоторые изменения в состоянии здоровья. Позаботьтесь о своих нервах и питании.

Счастливые числа
4–9–11–14 - 35

февраль 2024 г.

В этом месяце Вы можете столкнуться с очень сильными врагами, которые создадут трудности или препятствия в достижении Ваших целей. Также возможны импульсивные поступки, которые будут неблагоприятны для Вас.

Вам будет трудно проявлять самоконтроль, но попытаться это сделать полезно. Вы должны проанализировать условия своего прошлого, которые, возможно, все еще влияют на Вас, и освободиться от них. Для этого потребуется процесс и сознательная работа.

К решению юридических проблем следует подходить осторожно, чтобы избежать осложнений или обмана.

Вы сможете заключать выгодные деловые сделки и подписывать контракты, но для этого вам придется проявить смекалку.

В конце месяца Вы будете более агрессивны, чем в другое время. Желательно, чтобы Вы не подавляли эти энергии и стремились направить их в созидательное русло. Следует остерегаться токсичных веществ, которые могут загрязнить ваш организм.

Рекомендуется обратить особое внимание на свой рацион питания, подобрать диету, обеспечивающую организм витаминами, минералами и полезными питательными веществами.

Важно следить за уровнем своей энергии и не перегружать себя работой и обязательствами. Возникающие болезни будут отражать отсутствие внимания к своему физическому состоянию, а также могут иметь психосоматическое происхождение.

В течение этого месяца вы начнете соблюдать диету, которая принесет вам огромную пользу.

Счастливые числа
3–10–12–26–35

март 2024 г.

Вы будете стремиться загладить свою вину и не будете знать, с чего начать. Однако все просто: извинитесь.

Не стесняйтесь показать себя веселым человеком, если у вас нет партнера, потому что тот, кто вам интересен, ждет новой искры в своей жизни.

Вы должны научиться расставлять приоритеты в своих расходах, поскольку, будучи добросовестным кредитором, вы оставляете много пустых мест в своих обязательствах и, помимо просрочек и трудностей, в итоге платите дополнительные платежи. Составьте список своих платежей и поставьте на первое место самые крупные долги.

Полученные предложения могут вводить в заблуждение, поскольку предполагают экономию, которая на самом деле не соответствует действительности. Лучше пропустить эту возможность, так как это будет лишь расход, который вы не сможете себе позволить и который нанесет ущерб вашему бюджету. Более выгодные возможности еще появятся.

Старайтесь лучше питаться, увлажнять организм, делать зарядку и соблюдать часы отдыха. Не возвращайтесь в то место, где вы были счастливы, в надежде вернуть прошлое - оно уже занято другими людьми.

Счастливые числа
2–4–9–14 - 31

апрель 2024 г.

В этом месяце Вы заработаете много денег, так как Ваши денежные возможности расширятся. Бизнес даст Вам ожидаемый результат, а иногда и немного больше. Ощущение роста и финансовой мощи будет очень сильным, но в негативном аспекте оно может привести к тому, что Вы будете тратить больше, чем следует.

Вам придется быть умеренным в своих покупках и расходах, так как Вы можете влезть в долги, сами того не замечая. Вам захочется ни в чем себя не ограничивать, и, скорее всего, Вы не сможете отличить, что Вам действительно нужно, а что нет.

В любом случае недостатка в деньгах не будет, а вложить их в свои реальные цели будет очень выгодно. Важно быть последовательным и не распылять свои средства на товары, которые служат только для того, чтобы понравиться или подчеркнуть свое социальное положение.

Вы должны научиться ценить те преимущества, которые партнер привносит в вашу жизнь. Вы не цените то, как он или она положительно повлияли на вашу жизнь. Это называется неблагодарностью.

Вы должны научиться приспосабливаться к навязанным вам условиям, неразумно сталкиваться с порядком вещей, который вы не контролируете.

В конце месяца Вы обнаружите, что в одиночку дела могут идти трудновато и неуправляемо, но если Вы правильно наладите контакт с окружающими, то самые сложные задачи будут решаться почти без усилий. Если вы попросите кого-то об одолжении, этот человек не захочет вам помочь, хотя все может быть иначе, если подойти тактично. Начните с комплимента, затем попросите об одолжении, и вы увидите, как получите то, о чем просите.

Не стоит давать себе роскошь быть парализованным, пора двигаться вперед и дать решение любой возникшей проблеме. Вы застопориваете свой прогресс, чтобы дать дорогу периоду стагнации, который может продлиться долго, если вы не затормозите его прямо сейчас.

Счастливые числа
2–3–13–19 - 25

май 2024 г.

Вера — это хорошо, но она не приносит денег. Вы должны отказаться от сообщений о благих намерениях и потребовать конкретных фактов. Настало время действий, а не пустых обещаний. Действия — вот что важно. Если вы продолжите пассивность, то будете и дальше терять ресурсы. Пришло время приступить к работе, а не сидеть и ждать.

Скука, которую вы испытываете, вызвана отсутствием целей. Чтобы избежать этой эмоции и заставить свою жизнь двигаться, необходимо ставить перед собой новые задачи. Самой важной из них должна быть забота о душе и разуме. Именно на этом подвиге Вы должны сосредоточиться.

В этом месяце произойдет захватывающий момент в отношениях с любимым человеком. Не позволяйте малознакомым людям так навязчиво вмешиваться в решения, принятые Вами в отношении какого-то сентиментального вопроса, который не дает Вам покоя.

Если среда, в которой вы себя окружаете, не готова встать на вашу сторону и поддержать вас в вопросе, с которым вы не можете справиться самостоятельно, то, скорее всего, ваши возможности в решении важного вопроса сократятся.

Если Вы одиноки в своей личной жизни, то если Вы не начнете больше прислушиваться к своим желаниям, то возникнут сложности. Вполне вероятно, что Вы не осознаете, что этот человек очень быстро проник в Ваше сердце и Вы не уделяете ему должного внимания.

Счастливые числа
3–9–22–26–30

июнь 2024 г.

Ваше здоровье в этом месяце будет во многом зависеть от того, насколько вы очистите окружающую среду и себя в этом месяце. Проводите детоксикационый процедуры, пейте чаи, ешьте продукты, которые не оказывают нагрузки на организм, и занимайтесь спортом. Когда вы расстанетесь с друзьями, которые отравляют вас своим токсичным отношением, вы почувствуете себя лучше. Делайте это решительно.

Резко изменится состояние вашего банковского счета, вы должны быть осторожны при расходовании средств и инвестировании. Проанализируйте свои расходы и проверьте их обоснованность.

Чтобы быть счастливым со своим партнером, нельзя торопить события, пусть отношения идут своим чередом. Это месяц, когда можно показать миру свою чувственность, заявить о себе, попросить о том, чего вы хотите. Вам нужен свежий воздух: не откладывайте свидание со счастьем.

Расслабьтесь, а если вы чувствуете себя не в форме, помогите себе домашними методами борьбы с недостатком энергии.

Ваши проекты и идеи будут продолжать двигаться вперед, но вместо того, чтобы торопить события, воспользуйтесь возможностью доработать свои идеи.

Вы должны принять важные решения в своей жизни, которые приведут вас к правильным шагам и получению того, чего вы хотите и о чем мечтали.

Не вспоминайте прошлое, это вредно, так как останавливает ваше продвижение по жизни и делает вас менее внимательными к тому, что вам нужно делать, чтобы добиться успеха.

Некоторые люди будут приходить, чтобы сказать вам, что вы делаете что-то не так в своей жизни, но вы должны обращать на них внимание только в том случае, если это люди, которым вы доверяете.

Не упустите возможность встретить кого-то особенного в конце месяца, возможно, вам стоит уделить этому человеку дополнительное внимание, чтобы узнать его получше.

Счастливые числа
5–27–32–33–34

июль 2024 г.

Не стоит постоянно оглядываться на прошлое, настоящее гораздо прекраснее, просто в нем могут возникнуть проблемы, которые труднее решить.

Вы боитесь, что Ваша партнерша узнает о чем-то, связанном с Вашим прошлым. Вы думаете, что если она узнает об этом, то ее представление о Вас изменится в худшую сторону. Она уже знает и понимает Вас. Вам нет необходимости скрываться.

Чтобы привлечь в свою любовь необходимые добрые энергии, нужно провести ритуал в период Полнолуния.

Не следует повторять неудачные экономические решения. Вы прошли трудный путь, и вы должны уважать это обучение. Благодаря этому опыту вы стали более мудрыми в вопросах искусства зарабатывания денег.

Апатия не должна овладевать Вашей жизнью. Не теряйте энтузиазма, ведь вы можете потерпеть неудачу в других сферах своей жизни, но Дева никогда не ошибается, когда речь идет о заботе о своем теле.

В конце месяца не стоит принимать рискованных решений в отношении своих финансов, всегда помните о том, что нужно иметь четкие цели в отношении денег.

Счастливые числа

7–10–11–18 - 30

август 2024 г.

В этом месяце не позволяйте, чтобы момент разлуки с партнером заставил вас отбросить все, что вы прожили вместе. Ничто не вечно, только любовь. Она может не длиться вечно, но вы должны жить, стремясь сделать ее такой. Все проблемы должны решаться немедленно, вся ложь и обман должны быть обсуждены и прощены.

Если вы ищете партнера, не всегда хорошо иметь терпение мира по отношению к тому человеку, который вас околдовал, помните, что вы не всегда будете давать это преимущество всем людям, которых вы встречаете.

Вы должны избегать повторения ошибок прошлого, поэтому используйте новые приемы. Ведите себя так, как будто делаете все впервые. Такое отношение позволит Вам найти новые способы выполнения работы.

Не стоит перекладывать заботу о своем сознании и душевном состоянии на людей, которые воспринимают эту задачу как обычную работу. В дополнение к этой помощи выбросьте из головы все негативные мысли, которые вредят вам. Не позволяйте никому говорить за Вас, повышать голос, когда речь идет о Ваших правах.

Счастливые числа
14–16–24–25 - 27

Сентябрь 2024 г.

Это хороший месяц для того, чтобы выбрать день и сесть с партнером за бокалом вина или другого спиртного напитка и поговорить о том, как далеко вы продвинулись. Отметьте пройденный путь, все проблемы, которые вы решили, и все хорошее, что вы сделали друг для друга.

Если вы ищете партнера, возможно, вам интересно, в каких развлечениях участвует этот человек, потому что вы не решаетесь сделать ему предложение. Лучше не спешить и пойти на обычное дело: простой поход в кино или театр.

Не стоит недооценивать цену таланта ваших партнеров по работе или бизнесу, ведь в конце концов вы являетесь частью структуры, и то, что вы ограничиваете, может быть ограничено вами. Помните, что во всех сферах жизни выполняются законы кармы: отдавайте то, что хотите получить.

Дух убеждения будет Вашей сильной стороной, особенно на работе, но не переусердствуйте, это может негативно сказаться на Ваших рабочих отношениях. Вы будете хорошо ладить с друзьями, но потребность чувствовать себя *свободным будет сильнее, поэтому дайте себе свободу и используйте ее для отдыха.*

Счастливые числа
6–10–12–19 - 25

октябрь 2024 г.

В этом месяце Вам следует сосредоточиться на крупных проектах, так как это принесет Вам пользу. Деловая поездка положительно скажется на Вашем профессиональном имидже. Появятся профессиональные возможности. Хорошо подумать, прежде чем принимать важные решения в финансовой сфере.

Каждая голова — это отдельный мир, поэтому следует уважать границы своего партнера. Вы никогда не узнаете, о чем думает ваш партнер, и это нормально. Вы не можете проводить 24 часа в сутки, беспокоясь о том, что его мысли находятся где-то в другом месте, далеко от Вас. У него есть свои заботы, и Вы - не единственное, что существует в его мире.

Если вы еще не нашли партнера, но человек вам интересен, то все сплетни об интересующем вас человеке следует игнорировать. Помните, что никто не идеален, и у каждого есть свое прошлое.

Вам полезно немного отдохнуть. Не изнуряйте себя чужими заботами, запланируйте круиз на выходные или посвятите уикенд занятиям, которые Вас вдохновляют. Полезно также посетить музей или театр.

У вас будет возможность продвинуться на профессиональном уровне, эту возможность нельзя упускать.

Счастливые числа

3–7–10–22 - 29

ноябрь 2024 г.

В этом месяце у Вас появится больше времени для общения с близкими людьми, помните, что отношения всегда требуют серьезной работы; семья никогда не должна отходить на второй план.

Желание доказать свое превосходство может стать серьезной проблемой.

Есть те, кто не согласен с вашими взглядами, и это приведет к конфликту. Чтобы дать выход подобным энергиям, постарайтесь проявить творческую активность.

Финансовое положение будет стабильным, и вы получите дополнительный заработок. Вероятно, в конце года Вам повысят зарплату или выплатят премию.

У вас будут расходы, которые подорвут ваш бюджет, поэтому лучше планировать покупки вместе с близкими, чтобы разделить расходы, особенно если вы планируете отпуск в конце года.

В конце месяца обострятся недоразумения между супружескими парами. Вам придется выбирать между профессией и семьей.

В любом случае ваше финансовое положение начнет улучшаться, и вы сможете выйти на высокий уровень дохода.

Счастливые числа
16–18–22–26 - 33

декабрь 2024 г.

Одиночки в этом месяце проживут мгновения счастья. Морфей или судьба постучатся в Ваши двери, нужно только сделать первый шаг. Есть хорошие планетарные аспекты, которые показывают, что такой подход к интересующему вас человеку будет эффективным.

В этом месяце ваши усилия будут вознаграждены, так как вы получите предложение о сотрудничестве, которое продвинет вашу жизнь туда, куда вы даже не могли себе представить.

Вы должны быть готовы к тому, что этот период потребует от вас колоссальных усилий. Вам необходимо обрести душевное и физическое равновесие, т. е. быть в гармонии. Запишитесь на занятия йогой или медитацией, чтобы защитить свое тело и разум.

Если у вас есть партнер, помните, что прошлое изменить нельзя. Вы лезли в жизнь партнера еще до начала отношений, и это все усложняет. Вы должны жить здесь и сейчас. Вы позволяете этим проблемам занять центральное место, и это порождает тревогу и неуверенность в себе.

Если в этом месяце вам необходимо потратиться на заслуженную роскошь или подарки на конец года - дерзайте. Жизнь создана для того, чтобы *ею наслаждаться, и иногда приятно побаловать себя.*

В этом месяце счастливый случай может помочь вам заработать больше денег или начать бизнес, который принесет вам много денег. Помните, что одно дело - тратить, а другое - растрачивать.

Вполне возможно, что вы решили сделать какие-то физические изменения или находитесь в процессе косметической операции, которая придаст вам сил и повысит вашу самооценку. Если вы все еще сомневаетесь, то примите это решение, потому что оно будет очень полезным для вас.

В вашей профессии начинаются важные перемены. Если вы работаете, то получите признание, и это позволит вам почувствовать себя состоявшимся.

Вы получите дополнительный заработок, и это побудит Вас делать инвестиции, по возможности рисковать. Звезды рисуют, что Вы получите очень хорошие новости, связанные с Вашим будущим, которые поднимут Вам настроение в конце года. Осознаете ли вы это? Когда Ваша самооценка здорова, а энергия вибрирует на высоком уровне, все складывается так, как Вы хотите и заслуживаете.

Счастливые числа
12–26–31–33–34

Карты Таро - загадочный и психологический мир.

Слово Таро означает "королевская дорога", это тысячелетняя практика, точно неизвестно, кто придумал карточные игры вообще и Таро в частности; в этом смысле существуют самые разноречивые гипотезы.

Одни говорят, что они возникли в Атлантиде или Египте, другие считают, что таро пришли из Китая или Индии, из древней страны цыган или попали в Европу через катаров. Но факт остается фактом: в картах таро переплетается астрологическая, алхимическая, эзотерическая и религиозная символика, как христианская, так и языческая.

Еще недавно при слове "таро" некоторые люди представляли себе цыганку, сидящую перед хрустальным шаром в комнате, окруженной мистикой, или думали о черной магии или колдовстве, но сегодня ситуация изменилась.

Эта древняя техника адаптируется к новым временам, она вошла в технологию, и многие молодые люди испытывают к ней глубокий интерес.

Молодые люди изолировали себя от религии, поскольку считают, что не найдут там решения того, что им нужно, они осознали двойственность этого, чего не происходит с духовностью. В социальных сетях можно найти аккаунты, посвященные изучению и гаданию на таро, поскольку все, что связано с эзотерикой, модно, более того, некоторые иерархические решения принимаются с учетом таро или астрологии.

Примечательно, что не те предсказания, которые обычно связаны с таро, являются самыми востребованными, а те, которые связаны с самопознанием и духовным консультированием, - самыми востребованными.

Таро — это оракул, с помощью его рисунков и цветов мы стимулируем нашу психическую сферу, ту внутреннюю часть, которая выходит за пределы естественного. Многие люди обращаются к таро как к духовному или психологическому путеводителю, поскольку мы живем в неопределенные времена, и это толкает нас на поиски ответов в духовности.

Это такой мощный инструмент, который конкретно говорит вам о том, что происходит в вашем подсознании, чтобы вы могли воспринять это через призму новой мудрости.

Карл Густав Юнг, известный психолог, использовал символы карт Таро в своих психологических исследованиях. Он создал теорию архетипов, в которой обнаружил обширную сумму образов, помогающих в аналитической психологии.

Использование рисунков и символов для обращения к более глубокому пониманию часто применяется в психоанализе. Эти аллегории являются частью нас, соотвествуя символам нашего подсознания и нашего разума.

В нашем бессознательном есть темные области, и когда мы используем визуальные техники, мы можем добраться до различных его частей и раскрыть неизвестные нам элементы нашей личности. Когда вы сможете расшифровать эти послания с помощью изобразительного языка Таро, вы сможете выбирать, какие решения принимать в жизни, чтобы создать ту судьбу, которую вы действительно хотите.

Таро с его символами учит нас тому, что существует иная Вселенная, особенно в наше время, когда все так хаотично и всему ищут логическое объяснение.

Звезда, карта Таро для Девы 2024 года

Он символизирует позитивное мышление, хорошее настроение и крепкое физическое здоровье.

Медитация символизируется этой картой. Она указывает на то, что вы сможете найти новые таланты и достичь своих целей, если будете проявлять творческий подход.

Это год отдыха и обновления.

Надежда, исцеление, вера, крепкое здоровье, желания, которые будут исполнены, оптимизм, духовное просветление, интеграция божественного с земным.

Свет во тьме. Все становится ясным, и все зло растворяется.

Она возвещает о том, что все, на чем вы сосредоточили свои надежды, будет реализовано, *ваши искренние стремления, ваши подлинные желания - все сбудется.*

Он объявляет о благоприятных встречах в экономической сфере, это может быть неожиданное поступление денег. Из-за займа, небольшого наследства, подарка и т. д.

Одиноким людям он предсказывает любовь. Он указывает на прекращение конфликтов, проблем со здоровьем и долгов. Разлуки превратятся в воссоединения.

Одним словом, он указывает на мир, процветание и гармонию. Она предвещает помощь человека, который будет выступать в роли вашего защитника.

Руны года 2024

Руны — это набор символов, образующих алфавит. Слово "руна" означает "тайна" и символизирует шум столкновения одного камня с другим. Руны — это древний провидческий и магический метод.

Руны не служат для точных предсказаний, но они служат для того, чтобы подсказать вам будущее событие, предмет или решение.

Руны имеют конкретное значение для того, кто хочет его получить, а также некое послание, связанное с невзгодами, возникающими в жизни.

Ингуз, Руны Девы 2024

Совет Inguz - заканчивать начатое для достижения новых целей. Эта руна наделяет вас интуицией, позволяющей понять, когда нужно начинать, а когда заканчивать. Она также может указывать на плодородие и процветание.

В этом году вы должны начать новый образ жизни, оставив старое позади. Забудьте о прошлом и о том, что мешало вам идти по жизни, плывите по течению вместе со Вселенной.

Важно, чтобы вы ушли от токсичного влияния некоторых окружающих вас людей. Любой месяц хорош для того, чтобы начать перемены, но эта руна советует вам иметь наилучший настрой в этот год духовного возрождения.

Если вы одиноки, то должны быть очень осторожны и беречь свое сердце, чтобы не пострадать. Не обманывайтесь отношениями, которые кажутся сказкой. Если у Вас есть партнер или Вы состоите в браке, то эта руна предвещает, что сейчас самое время подумать о рождении детей. Эта руна обладает свойством помогать в зачатии ребенка тому, кто в этом нуждается.

Он советует задуматься над тем, что важно для вашей жизни, ведь от этого зависит, насколько прибыльным будет ваш бизнес.

Набравшись решимости, вы сможете воплотить свои мечты в жизнь, что принесет вам большую финансовую выгоду.

Удачные цвета

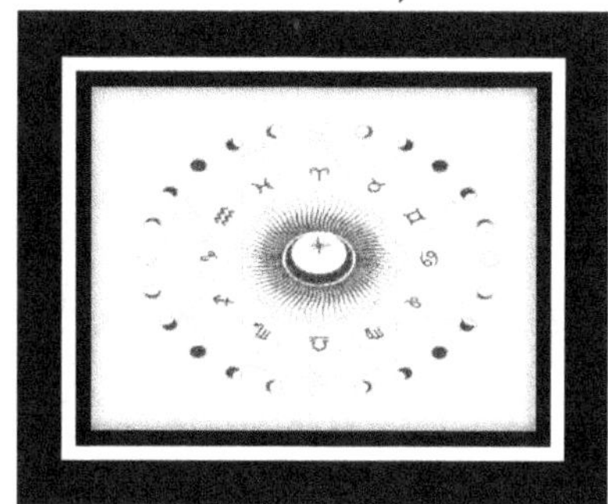

Цвета оказывают на нас психологическое воздействие: они влияют на нашу оценку вещей, мнение о чем-то или о ком-то, а также могут использоваться для принятия решений.

Традиции встречи нового года в разных странах различны, и в ночь на 31 декабря мы подводим итоги всего позитивного и негативного, что было в уходящем году. Мы начинаем думать о том, что нужно сделать, чтобы изменить свою удачу в новом году.

Существует несколько способов привлечь к себе положительные энергии при встрече нового года, и один из них - надеть или носить аксессуары определенного цвета, привлекающего то, чего мы желаем в наступившем году.

Цвета несут энергетический заряд, влияющий на нашу жизнь, поэтому всегда желательно встречать год, одетым в цвет, привлекающий энергии того, чего мы хотим достичь.

Для этого существуют цвета, положительно вибрирующие под каждым знаком Зодиака, поэтому рекомендуется носить одежду того оттенка, который будет способствовать привлечению процветания, здоровья и любви в 2024 году. (Эти цвета можно использовать и в остальное время года для важных событий или для того, чтобы сделать ваши дни более насыщенными).

Помните, что, хотя чаще всего принято носить красное белье для страсти, розовое - для любви, а желтое или золотое - для изобилия, никогда не будет лишним включить в свой наряд тот цвет, который для нас наиболее важен.

Virgo

Серый.

Ключевые слова Gray*: постоянство, величие, большие организаторские способности, гуманитарные способности, изоляция, свобода.*

Серый цвет связан с самодостаточностью и самоконтролем, поскольку он служит защитой от внешних воздействий и способен связать материальный мир с духовным. Серый цвет является нейтральным и считается символом мудрости.

Она помогает нам достичь состояния гармонии между двумя крайностями, что позволяет взглянуть на вещи с более широкой точки зрения. Это приносит нам пользу, поскольку мы можем лучше понимать реальность и смотреть на жизнь с более объективной точки зрения.

Серый цвет также помогает нам сохранять выдержку и нейтралитет во время сложных событий, чтобы принимать решения без влияния эмоций.

Этот цвет поможет вам соединиться со своей истинной сущностью, и вы сможете взглянуть на жизнь шире. Вы сможете найти баланс между своими желаниями и потребностями, благодаря чему будете принимать мудрые решения и жить полной жизнью.

Это очень элегантный тон, который можно сочетать не только в одежде, но и в дизайне дома в сочетании с другими цветами.

Lucky Charms

У кого нет счастливого кольца, цепочки, которая никогда не снимается, или предмета, который он не отдал бы ни за что на свете? Все мы наделяем принадлежащие нам вещи особой силой, и этот особый характер, который они принимают для нас, делает их магическими предметами.

Для того чтобы талисман мог действовать и влиять на обстоятельства, его носитель должен верить в него, и тогда он превратится в необыкновенный предмет, способный выполнить все, что от него требуется.

Обычно амулетом называют любой предмет, умилостивляющий добро в качестве средства защиты от зла, вреда, болезней и колдовства.

Амулеты на удачу помогут вам провести 2024 год в благоденствии в доме, на работе, в семье, привлечь деньги и здоровье. Чтобы амулеты работали правильно, не следует давать их в руки посторонним и всегда иметь под рукой.

Амулеты существовали во всех культурах и изготавливались из элементов природы, которые служат катализаторами энергий, способствующих исполнению желаний человека.

Амулету приписывается способность отгонять зло, чары, болезни, бедствия или противодействовать злым желаниям, произнесенным через глаза других людей.

Амулет Девы

Кельтский крест.

Кельтский крест символизирует стремление к познанию и постижению тайн жизни и является компасом, который будет вести вас по духовному пути.

Он отражает надежду, которую питали кельты, и является одним из кельтских предметов, обладающих большим символизмом и силой магии. Он олицетворяет знание, силу, сострадание и бесконечную любовь.

Мистическое, божественное и сакральное гармонично сочетаются в этом символе, использовавшемся во многих цивилизациях в качестве амулета. Это мощный талисман, приносящий удачу. Он обладает защитными свойствами, и если носить его, то в душе будут царить мир, гармония, равновесие и мудрость.

Счастливый кварц

Всех нас привлекают бриллианты, рубины, изумруды и сапфиры - очевидно, драгоценные камни. Полудрагоценные камни, такие как сердолик, тигровый глаз, белый кварц, лазурит, также высоко ценятся, поскольку на протяжении тысячелетий использовались в качестве украшений и символов власти.

Многие не знают, что они ценились не только за красоту: каждый из них имел сакральное значение, а их целебные свойства были не менее важны, чем декоративные.

Кристаллы и в наши дни обладают теми же свойствами, большинство людей знакомы с наиболее популярными из них, такими как аметист, малахит и обсидиан, но в настоящее время появились новые кристаллы, такие как лайма, петлит и фенакит.

Кристалл — это твердое тело геометрически правильной формы, кристаллы образовались при создании Земли и продолжают метаморфировать по мере изменения планеты, кристаллы — это ДНК Земли, это миниатюрные хранилища, в которых хранится развитие нашей планеты за миллионы лет.

Некоторые из них были согнуты под необычайным давлением, другие выросли в камерах, погребенных глубоко под землей, третьи возникли из капель. Какую бы форму они ни принимали, их кристаллическая структура способна поглощать, сохранять, фокусировать и излучать энергию.

В основе кристалла лежит атом, его электроны и протоны. Атом динамичен и состоит из ряда частиц, которые вращаются вокруг центра в постоянном движении, так что, хотя кристалл может казаться неподвижным, он представляет собой живую молекулярную массу, которая вибрирует с определенной частотой, и именно это дает энергию кристаллу.

Раньше драгоценные камни были царской и священнической прерогативой, священники иудаизма носили на груди пластину с драгоценными камнями, которая была не просто эмблемой, обозначавшей их функции, но и передавала власть носителю.

Люди носили камни еще в каменном веке, поскольку они выполняли защитную функцию, оберегая своего владельца от различных бед. Современные кристаллы обладают той же силой, и мы можем подбирать украшения не только по их внешней привлекательности: находясь рядом с ними, можно зарядиться энергией (оранжевый сердолик), очистить пространство вокруг себя (янтарь) или привлечь богатство (цитрин).

Некоторые кристаллы, такие как дымчатый кварц и черный турмалин, способны поглощать негатив, излучая чистую и прозрачную энергию.

Ношение черного турмалина на шее защищает от электромагнитных излучений, в том числе и от сотовых телефонов, цитрин не только привлечет богатство, но и поможет его сохранить, поместите его в богатой части дома (сзади слева, наиболее удаленной от входной двери).

Если вы ищете любовь, кристаллы могут вам помочь: поместите розовый кварц в угол отношений вашего дома (задний правый угол, наиболее удаленный от входной двери), его эффект настолько силен, что вы можете добавить аметист, чтобы компенсировать притяжение.

Можно также использовать родохрозит - любовь придет сама.

Кристаллы способны исцелять и дарить равновесие, некоторые кристаллы содержат минералы, известные своими лечебными свойствами, малахит имеет высокую концентрацию меди, ношение малахитового браслета позволяет организму усваивать минимальное количество меди.

Лазурит снимает мигрень, но если головная боль вызвана стрессом, то аметист, янтарь или бирюза, помещенные над бровями, снимут ее.

Кварц и минералы — это драгоценные камни матери-земли, дайте себе эту возможность и соединитесь с магией, которую они излучают.

Счастливая Кварцевая Дева 2024

Нефрит

Он выполняет функцию защитной энергии в том месте, где находится. Он ассоциируется со стабильностью и безопасностью. Этот кварц полезно иметь в определенном месте, поскольку, когда мы носим его с собой, он может стать причиной разлада с друзьями или коллегами.

Он помогает мыслить позитивно, символизирует мир и самоанализ. Этот кварц даст вам все силы, необходимые для движения вперед. Это камень, который поможет вам освободиться от всех блокирующих вас эмоций и посмотреть на жизнь через призму позитива. Он помогает правильному функционированию почек, сердца и желудка.

Существует несколько цветов нефрита: синий и зеленый, означающие покой и размышления. Коричневый нефрит связан с элементом земли и производительностью. Зеленый нефрит ускоряет работу нервной системы, переводя нас в состояние покоя, в котором мы можем избавиться от любых негативных чувств. Оранжевый нефрит помогает в управлении эмоциями, красный нефрит используется для направления напряжения и гармоничного решения проблем. Белый нефрит - идеальный помощник в принятии решений и определении направления движения. Желтый нефрит приносит нам радость и помогает наладить отношения с окружающими.

Совместимость Девы и знаков Зодиака

Дева - земной знак, олицетворяемый богиней земледелия. Дева опытна, методична, обстоятельна, стремится к самосовершенствованию, что делает ее одним из лучших партнеров в Зодиаке. Дева - ученый, а вдохновляющие слова и идеи являются афродизиаками для этого земного знака.

Дева, как правило, любит читать, смотреть фильмы и слушать музыку. Как мотобольный знак, они также открыты, что часто проявляется в их изысканном вкусе.

Дева ценит искусство, относящееся ко многим категориям, и любит знакомиться с новыми авторами. В делах сердечных Дева полагается на логику и организованность, и этот капризный знак ищет партнера, который вписывался бы в его повседневную жизнь.

Дева использует базу данных для создания полного представления о своем партнере, все люди в его жизни и их привычки накапливаются в мысленной записи, с их привычками и антипатиями.

Дева любит помогать своей поддержкой и практичностью, и этот земной знак всегда настойчиво предлагает жизнеспособные решения конфликтов.

Стремление Девы к совершенству может негативно сказаться на окружающих, и их анализ превращается из вдумчивого и тонкого в чрезмерно критический. Для поддержания здоровых отношений Дева не должна быть осуждающей и должна позволять близким ходить на их месте.

Деве очень важно помнить, что постоянное стремление к совершенству может стать разрушительным.

В вопросах сексуальности этот знак обладает буйной энергией, но при этом наивен. Их сексуальность, управляемая Меркурием, носит пытливый характер, они рассматривают практически все аспекты секса, включая телосложение партнера.

В недостатках всегда есть своя красота, поэтому Деве важно понять, что то, что кажется недостатком, может быть скорее полезностью, чем дефектом.

Этот интеллектуальный знак очень возбуждается от юмора и умных разговоров. Теоретически из Девы мог бы получиться замечательный романтик, но если ваш любовник-Дева не Николас Спаркс или Корин Тел ладо, то он или она, скорее всего, проявит это в сокращенном *виде. Не удивляйтесь, если ваш любовник-Дева будет довольно замкнутым в спальне, по крайней мере, поначалу.*

Дева - человек рутины, и пока ему не удастся наладить диалог, он будет влюбленным зрителем, который будет очень внимательно следить за тем, что происходит в постели.

Это не значит, что он не развратен, на самом деле Дева любит страсть в спальне, и в безопасной обстановке Дева захочет заниматься регулярным сексом, который позволит ему испытать все ваши наклонности. Но не пытайтесь сделать что-то неожиданно, резкая смена движений или ролей может дезориентировать его.

Дева любит быть полезной и использовать свои навыки при любой возможности, поэтому она склонна быть "губкой" для чужих проблем. Лучший способ борьбы с этим - упростить ситуацию.

Несмотря на то, что Ваш партнер-Дева страстен, не делайте его сторожем всех Ваших неудач. Если Вы будете сваливать весь свой стресс на Деву, она будет чувствовать себя подавленной. Лучше обратитесь за помощью к друзьям.

Для длительных отношений с Девой важно, чтобы вы знали, что он будет надежным, но при этом ему придется рассчитывать на вас, особенно когда он ошибается.

Не критикуйте Деву, это может показаться парадоксальным, но Дева терпеть не может, когда к его поведению привлекают внимание. Это даст ему возможность обратиться к Вам за помощью, что укрепит отношения.

Поскольку Дева стремится к невозможному идеалу в любви, то, когда утопия совершенства рассеется, Дева полностью откажется от отношений, не поставив об этом в известность своего партнера.

Он не намерен быть неприличным, он просто не любит разочаровывать людей и поэтому захочет уйти из отношений, не вступая в сложный разговор. Другими словами, Дева любит исчезать, не оставляя следов.

Если Вам удастся наладить отношения с партнером-Девой до того, как она потянется к другим рукам, она будет оправдываться и пытаться разрядить напряжение, взвалив на себя всю ношу. Когда разрыв происходит неожиданно, ей очень трудно отпустить ситуацию, она будет мысленно пересматривать каждую деталь отношений, чтобы найти ключевой момент, когда все повернулось на 180 градусов.

Дева не всегда бывает черно-белым, на самом деле он очень сложное существо, и, если он находит достаточно информации, чтобы сделать вывод, что его нынешние отношения несовершенны, он готов искать удовлетворительные отношения в другом месте.

Дева и Овен *— это ценные отношения. Овен любит давать обещания, но иногда не выполняет их. В этой паре аналитическая Дева будет уверена, что Овну не стоит верить в его хвастовство. Овен же, напротив, будет удивлен неуверенностью Девы в себе.*

В этих отношениях Овен будет нести ответственность за свои действия, что может привести к тому, что самолюбие Девы будет раздуваться, когда она обнаружит сбои в методах Овна.

Дева и Овен должны признать, что Овен периодически недоговаривает, а Овен закатывает истерики. Если Дева научится терпеть слепоту Овна, а Овен - освобождать свою гордость, партнерство может стать прочным.

Между Девой и Тельцом, если они придут к согласию, возможны отношения. Управляемая Меркурием, Дева постоянно обрабатывает детали многочисленных сведений, которые она ежедневно собирает, и предпочитает выражать себя через организованное общение.

Этот прагматичный знак чувствует себя очень комфортно в паре с чувственным и материальным Тельцом, который ценит методичность Девы и ее внимание к деталям.

Между этими двумя знаками существуют некоторые специфические различия. Чувственные наклонности Тельца могут раздражать Деву, что, в свою очередь, может вызвать у Тельца чувство неуравновешенности. При благоприятном стечении обстоятельств эти два знака могут преодолевать препятствия.

Дева и Близнецы - *несмотря на то, что эта пара может показаться на первый взгляд несочетаемой, у замкнутой Девы и общительных Близнецов есть много общего. И Дева, и Близнецы находятся под управлением Меркурия, планеты общения, поэтому эти два знака глубоко связаны с искусством передачи информации.*

Близнецы любят сотрудничать, а проницательная Дева - тонкий наблюдатель, которому нравится обрабатывать информацию. Хотя свойственная Близнецам галантность несколько раздражает Деву, их романтические тревоги легко снять честным и прямым диалогом. Если Близнецы будут уважать потребности Девы, то эти отношения могут стать прекрасными.

Дева и Рак, это могут быть взаимодополняющие отношения. В частности, и Дева, и Рак склонны слишком много рассуждать.

Дева озабочена мелочами, превращая любой контекст в наихудшую обстановку. Аналогично Рак обращает внимание на неуловимые сдвиги в энергетике, замечая даже малейшие изменения в языке тела или тоне речи.

Дева и Рак иногда подпитывают свои собственные тревоги, вызывая еще больший страх и манию. Однако, поскольку они по-разному перерабатывают стресс, эти отношения открывают возможность для исцеления. Поскольку они являются рефлекторами и защитниками друг друга, то, объединившись в пару, они подпитывают друг друга.

Дева и Лев — это благоприятные отношения. Дева расстраивает Льва, этот огненный знак не понимает, почему Дева так не любит рисковать. С другой стороны, Дева знает, что жизнь гораздо сложнее, чем просто отвлечься, на все нужно время и терпение. Из-за этого несоответствия не всегда легко ориентироваться в отношениях Девы и Льва. Однако если каждый знак подходит к отношениям непредвзято, то они могут стать вдохновляющей любовью.

Дева и Дева — это захватывающие отношения. Одной из наиболее значимых особенностей Дев является их требовательность к себе. Дева любит помогать, причем ощутимо, однако в паре с другой Девой это качество несколько извращается.

В романтических отношениях две Девы будут неустанно пытаться исправить друг друга, причем каждая будет руководствоваться идеей превосходства своей методики. Дева ненавидит конфликты, и это напряжение может становиться все более агрессивным, что приведет к многочисленным злобным комментариям.

Отношения двух Дев не обречены, если им удастся раскрыть свои индивидуальные сильные стороны, они смогут помочь друг другу в различных ситуациях. Если они будут направлять друг друга с любовью, а не критиковать, то смогут построить нежные отношения.

У **Девы и Весов** разные критерии совершенства, и оба они - большие идеалисты. Дева хочет, чтобы жизнь была систематизирована, а Весы стремятся к гармонии. Когда они собираются вместе, они могут объединить свои индивидуальные способности, создавая отношения, которые являются воплощением товарищества. Однако, хотя и Дева, и Весы стремятся к целостным отношениям, они должны научиться принимать тот факт, что ни одни отношения не бывают без недостатков.

На самом деле здоровый конфликт может способствовать развитию отношений, т. е. трения могут продвигать их вперед. Приняв свои недостатки, вы сможете построить устойчивый союз.

Дева и Скорпион - прекрасная пара. Ни один знак зодиака не связан с сексом больше, чем Скорпион, и этот водный знак известен своим эротическим электричеством. Дева, напротив, имеет противоположную репутацию, поскольку ее символ связан с мифологическим архетипом, который часто воспринимается как безупречный.

Дева любит секс, поэтому между Девой и Скорпионом существует ощутимая химия. Дева очарована чувственностью Скорпиона, а Скорпион, в свою очередь, соблазнен непритязательной привлекательностью Девы.

Они оба автоматически знают, как удовлетворить похотливые желания друг друга. Однако за пределами спальни этой паре приходится прилагать немало усилий, чтобы сохранить свои отношения.

Дева и Стрелец - самые веселые знаки Зодиака. Юмор Девы основан на тональности, а энергия Стрельца создает легенды. В паре они составляют праздничный дуэт. Но помимо отдыха Стрельца, эта пара должна стремиться к здоровым отношениям.

Если тщательность Девы переходит в суетливость, она может стать суетливой, что смущает богемного Стрельца, который считает, что мелкие детали менее важны, чем общая картина.

Для того чтобы эти отношения сложились, Стрелец должен испытывать жалость к раздражению Девы, а Дева должна быть готова принять бурные наклонности Стрельца. Если они смогут сделать это вместе, то их ждут очень интересные отношения.

Дева и Козерог — это пара, созданная на небесах: оба они - земные знаки, расчетливые, предприимчивые и рассудительные. Однако, поскольку эти отношения очень осторожны, обоим партнерам придется проявлять бдительность, чтобы избежать излишней методичности.

Властный Козерог может начать относиться к Деве как к рабу, что может вызвать у Девы чувство обиды. Этой паре следует вливать энергию в свои отношения с помощью спонтанных приключений. Если они не будут слишком приятными, то эти отношения рассчитаны надолго.

Дева и Водолей очень хорошо разбираются в реальности. Эти методичные знаки любят исследовать методы, нюансируя окружающую среду тонкими размышлениями и тщательно выверенными точками зрения.

 Однако, несмотря на взаимную любовь к исследованиям, поведение Дев и Водолеев различно.

Конкретная Дева прагматична и уделяет много внимания ощутимым нюансам и деталям. Водолей, напротив, думает обо всем на общем уровне, поэтому между этими знаками будет некоторое напряжение. Но если они смогут объединить свои грани, то у них сформируется глобальное видение мира, и как пара они обладают невероятным потенциалом.

Дева и Рыбы *- противоположные знаки, которые любят быть полезными по-разному. Дева помогает прагматично, а Рыбы - более абстрактно. Следовательно, Дева и Рыбы - благочестивые люди, которые общаются на уровне эмпатии. Здравый ум Девы также помогает непостоянным Рыбам добиваться своих целей, а творческая острота Рыб побуждает Деву к поиску художественных форм самовыражения личности.*

Важно, чтобы каждый знак сохранил свою изначальную индивидуальность, и эти отношения будут вычитывать лучшее из каждого знака и при этом создавать лучезарный союз.

Дева и ее призвание

Дева - очень вдумчивый знак; они делают то, что должны делать, без драматизма. Они логичны и организованны, не любят привлекать к себе внимание и умеют сделать так, чтобы окружающие чувствовали себя комфортно.

Дева заботится и создает безопасную обстановку на рабочем месте, очень честна, отзывчива и экспрессивна.

Вы можете видеть, как они занимаются общественной работой, поскольку всегда готовы прийти на помощь.

Лучшие профессии

Девы - перфекционисты и скрупулезно подходят к выполнению плана. Они трудолюбивы и отзывчивы. Расследования, детективы, полицейские.

Признаки, с которыми не стоит вести дела

Водолей, Весы и Стрелец - знаки, которые вызывают у Девы чувство нестабильности. Они абсолютно несовместимы для бизнеса и инвестиций.

Признаки, с которыми можно ассоциировать

Козерог, Водолей и Телец. Эти знаки открывают дорогу Деве. Они очень структурированы и умеют найти выгодную сделку.

Денежные ритуалы

Заклинание владения бизнесом.

Вам потребуется:

- 1 апельсин (фрукт)

- 3 листа зеленой бумаги

- Оливковое масло

- Коричневый сахар

- 1 керамическая пластина

- 1 ключ

- 7 монет использования

- 2 деревянных креста (перевязанных зеленой лентой)

- 7 ладан

- 7 лепестков белой розы

- 1 комбинированная свеча красного и желтого цвета

- Травы: рута, базилик, сандаловое дерево, лаванда, цедра апельсина, лавр.

- 1 красная и белая комбинированная свеча

- 1 желтая свеча

- 1 камень пирит

- 1 ключевая свеча

В апельсине нужно сделать отверстие, чтобы в него поместилась свеча. Напишите на одной из зеленых бумажек имя человека, который следит за имущественным или коммерческим контрактом.

С помощью этой бумаги обведите основание желтой свечи и поместите ее в отверстие, проделанное в оранжевой свече, затем обложите ее семью палочками благовоний.

Вы зажигаете свечу и, посыпая ее маслом и сахаром, мысленно повторяете: "Подвластными мне силами я требую, чтобы (имя человека) имел дело только со мной, чтобы все дурные намерения держались от меня подальше".

Когда свеча будет израсходована, положите ее и апельсин в пакет и выбросьте как можно дальше от дома. Не возвращайтесь тем же путем.

На следующий день вечером вы кладете на тарелку ключ, травы (руту, базилик, сандал, лаванду, апельсиновую корку и лавр), семь монет, два креста, лепестки цветов, пирит и еще одну зеленую бумажку с заказом.

Справа от тарелки ставится красно-желтая свеча, а рядом с ней - вторая зеленая бумажка, на которой будет написан адрес дома или предприятия. Слева - красно-белая свеча.

Вы зажигаете свечи и повторяете под дыхание то, что желаете, чтобы исполнилось.

Этот ритуал следует повторять три дня подряд, используя одну и ту же керамическую пластину.

По истечении этих дней возьмите с подноса монету, пирит, несколько трав, ключ и один из крестиков, положите их в красный мешочек, который будете хранить как амулет.

Остальные ингредиенты оставляют в кастрюле и добавляют сахар.

На восьмой день зажгите ключевую свечу и положите рядом с ней последнюю зеленую бумажку с вашим желанием.

Когда свеча сгорит, положите ее остатки в белую бумагу и бросьте в место, где есть камни и которое имеет четыре угла.

Защитное заклинание денег.

Вам понадобится небольшая ручка с крышкой, красная лента, мед и три десятицентового.

Положите в банку мед и три монеты, закройте банку и завяжите красную ленту на семь узлов.

Разместите его в уголке процветания вашего дома.

Ритуал, чтобы деньги всегда присутствовали.

Вам понадобится Белая стеклянная бутылка, черная фасоль, красная фасоль, семена подсолнечника, зерна кукурузы, зерна пшеницы и благовоние мирра.

Вы кладете все в бутылку в том же порядке, закрываете ее пробкой и вливаете в бутылку дым от благовоний.

Затем вы помещаете его в качестве украшения на своей кухне.

Цыганское заклинание для процветания

.

Возьмите глиняный горшок среднего размера и покрасьте его в зеленый цвет. На дно положите немного мирры, монетку и несколько капель оливкового масла. Покройте его слоем земли и положите семена любимого растения.

Вы добавляете корицу и еще почву.

Расположите его в столовой дома и поливайте, чтобы он рос.

Волшебная фумигация для экономики

Необходимо разжечь три угля в металлической или глиняной емкости и добавить по ложке корицы, розмарина и сушеной яблочной кожуры.

Вы обходите его вокруг дома, идя по часовой стрелке.

Затем положите лепестки белых роз в ведро с водой и дайте настояться в течение трех часов.

С помощью этой воды вы очистите свой дом.

Чудодейственная эссенция для привлечения работы.

В бутылку из темного стекла поместите 32 капли спирта, 20 капель розовой воды, 10 капель лавандовой воды и несколько листьев жасмина. Встряхните несколько раз, думая о том, что вы хотите привлечь. Поместите в диффузор, можно использовать для дома, бизнеса или как личные духи.

Заклинание для рук и привлечения денег.

Вам понадобится небольшой глиняный горшок, мед и вода Полной Луны. Вымойте руки этой жидкостью, а воду оставьте в горшке.

Затем оставьте горшок перед процветающим бизнесом или игорным казино.

Амулет для продолжения статуса Миллионера.

Положите под матрас своей кровати золотую монету, свернутую купюрой высокого номинала в треугольник, затем завяжите золотую ленту и накапайте на нее две капли эвкалиптовой эссенции.

Заклинание, чтобы ваш партнер дал вам деньги.

- 2 красные розы

- 1 серебряная монета

- 5 капель эссенции пачули

- 1 щепотка золотой пыли

- 2 щепотки серебряного порошка

- 1 новый портфель

- 1 золотая свеча

Поместите серебряную монету в кошелек, посыпьте ее золотым и серебряным порошками. Зажгите свечу и поставьте ее рядом с кошельком с красными розами. На свечу нанесите эссенцию пачули. Когда свеча догорит, соберите ее остатки вместе с розами и бросьте их в реку. Кошелек храните в таком месте, где его никто не увидит.

Заклинания для привлечения клиентов и продаж.

Вам потребуется:

- 1 стеклянный стакан

- 7 капель сандалового дерева

- 1 новая пипетка

- Дождевая вода

- 1 красная гвоздика

На три четверти заполните стакан водой. Добавьте капли сандалового дерева и раздавите руками стебель гвоздики. Поместите цветок внутрь. Поставьте стакан с этими ингредиентами на высокое место в своем доме.

Мощный рецепт привлечения денег.

В четверг в час Юпитера в стеклянную бутылку нужно налить мед, чайную ложку золотой пыли, флоридскую воду, магнитный камень и белый кварц.

Оставьте ее на три дня, затем перед принятием ванны нанесите эту смесь на грудь, руки, живот и подошвы ног и мысленно повторяйте: "Все мои денежные проблемы сегодня позади, и с помощью Вселенной я привлекаю изобилие, так оно и есть, так оно и было".

Смыть после нанесения смеси на указанные участки тела.

Если вы хотите увеличить свое благосостояние, то можете повторять эту процедуру каждый четверг или воскресенье. Магнит и пирит следует положить в кошелек в качестве талисманов.

Формула процветания.

Вам потребуется:

- 1 большая свеча (рассчитана на 7 дней)

- Золотая пыль

- Кофейный порошок

- Крупная морская соль

- Сухое молоко

- Коричневый сахар

- 1 карандаш

- 1 швейная игла

Иглой на вершине свечи нарисуйте пятиконечную звезду, карандашом проделайте отверстие в каждой точке вершин.

В пять отверстий нужно добавить по щепотке всех ингредиентов.

Вы посвятите эту свечу Хошун, богине любви и денег. Зажгите свечу и дайте ей догореть. Остатки свечи следует отнести к реке или морю.

Собирание пшеницы для материального процветания.

Вам потребуется:

- 3 колоса пшеницы

- 1 золотое напыление (из тех, что используются в орнаментах)

- Лосьон из сандалового дерева

Необходимо смочить шипы одеколоном из сандалового дерева. Затем окрасить их золотистым спреем и разместить следующим образом: одну - в кладовке, вторую - на холодильнике, последнюю - как украшение в любой части вашего бизнеса. Когда вы заметите, что они засохли или загрязнились, выбросьте их в мусорное ведро, завернув в полиэтилен. Ни в коем случае не сжигайте их, так как вы привлекаете плохие энергии.

Заклинание владения процветанием

В большой бокал с вином и прозрачной водой наливают воду Полной Луны, затем вносят купюру в 100 долларов и петрушку. Каждые 5 дней меняйте воду и петрушку, если она засохла. Если вы решите потратить купюру, то она должна быть потрачена на еду, иначе вы привлечете бедность.

Заклинание экономического изобилия.

Когда вы идете на пляж, возьмите семь монет любого номинала, встаньте на берегу и бросьте их в море, прося Мая, хозяина морей и скрытых в них богатств, даровать вам удачу и изобилие. Уходя, не оглядывайтесь назад.

Магия для процветания.

Вам потребуется:

- 1 новый золотой Будда

- 1 большое красное яблоко

- 1 ломтик хлеба

- 1 бутылка красного вина

- 1 упаковка благовоний

- 1 золотая тарелка

Поместите Будду у входа в ваш бизнес или дом поверх золотой тарелки. Когда к вам приходят посетители, попросите их положить монеты или деньги на тарелку Будды. Каждый первый день месяца вы будете класть на Будду бутылку вина, хлеб и яблоко. Зажгите благовония, и так должно продолжаться весь месяц. На собранные деньги первого числа каждого месяца покупайте яблоко, хлеб, благовония и вино.

Заклинание для увеличения продаж.

Вам потребуется:

- 1 яйцо

- 1 маленькая бутылочка с красной краской

- 1 кисть

Покрасьте яйцо кисточкой в красный цвет, закопайте его, по возможности, в ночь полнолуния.

Во время закапывания мысленно представляйте все свои проекты и желания изобилия.

Каждый месяц, когда наступает полнолуние, меняйте его на новый, окрашенный в красный цвет, а старый выбрасывайте в лес или реку.

Лучшие страны и города для жизни

Страны: *Турция, Швейцария, Ирак, Курдистан, Хорватия, Греция, Уругвай, Бразилия.*

Страны: Антильские острова, Крит, Коринф, Афины, Фессалия, Силезия, Багдад, Париж, Лион, Тулуза, Гейдельберг, Нарви, Бостон, Вирджиния, Мэдисон, Страсбург, Каракас, Бриндизи.

Благовония и эфирные масла для денег

Ладан и эфирное масло ванили. Идеально подходит для повышения благосостояния.

Растения за деньги

Алоэ вера*: это растение используется в многочисленных ритуалах для борьбы с завистью, алоэ вера привлекает удачу и процветание в дома, где оно встречается.*

Кварц для денег

Аметистовый кварц*: Кварц, обладающий множеством положительных энергий, может помочь вам найти работу. Его следует всегда держать рядом с собой, чтобы он приносил вам экономическое процветание и помогал в достижении ваших целей.*

Денежные брелоки

Потекли Юпитера, которые гарантируют вам процветание.

Потекли - магические фигуры, способные передавать положительную энергию окружающему миру. Действие пента клей Юпитера проистекает из сочетания букв, знаков и благотворных формул, они графически и мистически символизируют желание. Они четко действуют на психику людей, имеющих с ним визуальный контакт.

Самый большой сборник пента клей содержится в "Ключниках царя Соломона" - сборнике по высшей магии, приписываемом этому библейскому царю. В нем 36 пента клей, имеющих различное назначение, и среди них - семь пента клей Юпитера.

Потекли для процветания.

Назначение этих пента клей - обеспечение изобилия, разрешение конфликтов на работе и помощь в более непосредственном восприятии всевозможных благ, дающих большее процветание.

Юпитер, так называемый Великий бенефис в астрологии, - планета, связанная с экспансией, оптимизмом, связями с влиятельными людьми и способностью приносить удачу.

Вы должны рисовать их с большой концентрацией и намерением, чтобы они проявили вашу волю.

Наиболее подходящим материалом является кусок пергамента. После завершения работы их следует повесить на видное место, например, на кассу или в бумажник (можно распечатать).

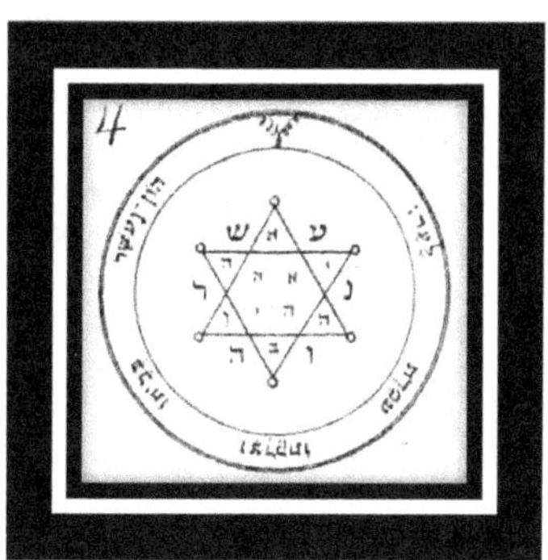

Аффирмации для получения денег

Выполнять эти указы нужно в течение 21 дня, чтобы увидеть результат, по возможности три раза в день. Если вы будете повторять их вслух, то они будут более действенными.

Я обладаю силой создавать свой собственный мир. Мои мечты материализуются, потому что я упорно иду к ним. Все, к чему я стремлюсь, я достигаю.

Сегодня я принимаю решение жить в изобилии, с успехом, любовью и счастьем. Я принимаю решение иметь все лучшее, каким бы замечательным оно ни было. Я думаю об успехе и изобилии.

Моя магнитная вибрация притягивает благополучие в мою жизнь и во все, что меня окружает. Я верю в силу притяжения.

Отдых

Отпуск приносит физическую и психическую пользу. Доказано, что отдых снижает уровень стресса и способствует укреплению иммунной системы. Иногда планирование отпуска вызывает стресс, потому что вариантов бесконечное множество и выбор становится химерической задачей.

Использование астрологии, понимание особенностей вашей личности позволяет определить идеальное для вас место отдыха.

Овнам *идеально подойдет курорт "все включено" с активным отдыхом в теплом месте, например, в Пунта-Кане, Канкуне или на островах Теркс и Кайкос. Австралия — это захватывающая страна, которая предлагает массу эмоций, заставляющих сердце биться.*

Тельцу *очень понравится отдых на роскошном курорте на острове Кайман или роскошный отдых в Дубае, в отеле со всеми удобствами. Италия - идеальная страна, потому что здесь вы найдете все, о чем всегда мечтали: любовь,* очарование, роскошь, прекрасную кухню и первоклассные вина.

Близнецы любят чувствовать себя интеллектуально вовлеченными. Путешествия с экскурсиями, например сафари в Африке или изучение видов Галапагос ких островов, предлагают зодиакальному коммуникатору роскошные впечатления.

Рак, короткие поездки в окружении семьи и друзей. Одним из вариантов является Диснейленд, где можно насладиться аттракционами и разнообразной кухней. В Орландо, штат Флорида, есть множество фантастических отелей и курортов, каждый из которых имеет свою уникальную и увлекательную тематику.

Лев, для этого знака фантастически подходит проживание в бунгало над морем на Таити. Альтернативой роскоши, которую любит Лев, может стать аренда частного тропического острова на Мальдивах, Фиджи или Виргинских островах.

Дева, Италия - ваш лучший вариант. В этой стране вы найдете себе занятие по душе. Как земной знак, вы связаны с окружающим миром, и такие места, как Ла-Романа в Доминиканской Республике, Пуэрто-Веха в Коста-Рике и Белу-Оризонте в Бразилии, вдохнут в вас жизнь.

Весы, выбирайте города с музеями. Тропический отдых не принесет Весам такого удовлетворения, как посещение Лувра в Париже, музея Акрополя в Афинах (Греция), музея Прадо в Мадриде (Испания) или галереи Уффици во Флоренции (Италия).

Скорпион, проведите несколько дней на уединенном пляже со спиртным и массажем. В Греции, на Бали, Сен-Мартене или Гавайях вы найдете все эти предметы роскоши. Посещение объектов культурного наследия, расположенных неподалеку от вашего роскошного отеля, станет необычным сочетанием тропического и культурного отдыха. Мешконос и Рода в Греции - идеальные места для этого.

Стрелец, исследуйте Камина де Сантьяго - сеть совершенно разных путей, ведущих в город Сантьяго де Компостера. Каждый путь имеет свою историю, наследие и магию. Стрелец -

путешественник, жаждущий новых впечатлений, поэтому в Ирландии вы найдете все, что ищете.

Козерог - целеустремленный знак. Отпуск, во время которого можно завязать новые деловые отношения. Китай был бы впечатляющим. У Козерогов есть чувство исторической ценности, которого нет у других знаков, поэтому такие страны, как Израиль и Египет, где присутствует история, позволят Вам чувствовать себя как дома.

Водолей любит новые идеи, неизведанные места и новые отношения. Фантастической страной для посещения может стать Япония не только из-за ее удивительной истории и культуры, но и потому, что каждый из ее регионов может предложить что-то свое.

Рыбы - водный знак, которому по душе тропический отдых. Идеальным вариантом будет отель на берегу моря. Остров "Ла Дик" в Республике Сейшельские Острова, возможно, самый красивый пляж в мире, будет иметь несомненный успех. Рыбы, обладающие спокойным взглядом на жизнь, под управлением Нептуна -

творческий мыслитель. Швеция - страна, которую ему стоит посетить, потому что там он найдет такую же новаторскую культуру, как и он сам.

Кто является вашей второй половинкой в соответствии с вашим знаком зодиака?

Когда мы слышим термин "родственные души", мы обычно думаем о них как о членах пары, т. е. о тех, с кем вас связывает сильная сентиментально-сексуальная связь. Однако настоящие родственные души не всегда относятся друг к другу с этой точки зрения, а зачастую даже не заинтересованы в сексуальном аспекте отношений.

Вашей родственной душой может быть не только ваш партнер, но и ваш родитель, друг, ребенок, бабушка, дедушка, начальник или сестра.

С астрологической точки зрения и с учетом того, что уроки, которые мы должны усвоить перед выходом на новый духовный уровень, определяют тип аффективных отношений, которые нам необходимо развивать в жизни сегодня, можно сказать, что Рак и Рыбы являются родственными душами Овна.

С Раком и Рыбами Овен может не только лучше концентрироваться и разрешать конфликты без насилия, но и развивать эмпатию, то есть способность ставить себя на место другого и учиться делиться.

Эти два знака не любят конфликтов, а если они и возникают, то они предпочитают диалог любому эпизоду жестокости.

Овен может научить Рака и Рыб не нуждаться в одобрении окружающих, быть более рискованными, не пытаться угодить всем, т. е. быть более напористыми.

Чувственный Телец, враг перемен, врожденный родственник инерции, имеет в качестве родственной души Стрельца и Близнецов - два знака, которые знают, что жизнь — это увлекательное, но не статичное путешествие.

Они могут научить Тельца тому, что не нужно оставаться там, где не нужно, боясь неопределенности, и что всегда будут возникать ситуации или обстоятельства, которых мы не ожидаем и которые не в нашей власти изменить. Тельцу также есть чему научить эти знаки.

Уроки силы воли, чтобы иметь обязательства перед другими людьми, быть преданным тому, что они делают, и продолжать до конца с упорством, без спешки и медлительности. Иметь принципы и быть благоразумным.

Лев может сбалансировать много кармы со своими родственными душами, принадлежащими к Весам и Водолею.

Лев может упрямо придерживаться ошибочной идеи или убеждения из тщеславия; Весы и Водолей знают, что за эгоцентричным человеком скрывается низкая самооценка.

Весы научат Льва хладнокровию и терпимости, использованию аргументации и дипломатии для поддержания ровного общения. Водолей, противоположный Льву знак, наделенный объективностью и справедливостью суждений, так как не подвержен предрассудкам, научит Льва видеть сердца людей, предлагать им свое плечо и говорить сочувственные слова в трудную минуту.

Лев никогда не колеблется при принятии решений, а если и колеблется, то не проявляет этого, что Весам следует практиковать.

Верность - отличительная черта Льва, неизвестная Водолею, и маленькие львята могут давать ему уроки нравственности.

У Дев, известных как перфекционисты из-за их огромного страха перед неудачей, родственными душами являются Скорпион и Козерог. Дева любит быть строгой в своих решениях и имеет прототип практически во всех аспектах своей жизни. Такая избирательность мешает им следовать за движением жизни.

Дева будет буквально разрывать на части весь проект, если посчитает, что он изначально не был идеальным, чего Козерог никогда не сделает, так как его видение позволяет ему увидеть, что всегда можно принять альтернативные меры, не начиная все сначала.

Козерог - знак, уверенный в собственном пространстве, он не принимает бессмысленных решений, как это иногда делает Дева.

С другой стороны, Скорпион может смягчить худшее и усилить лучшее в Деве. Скорпион и Дева имеют практический подход к жизни, однако Скорпион гораздо более жизнелюбив, чем Дева. Скорпион принесет решительность, которой не хватает Деве, а Дева - контроль и рациональность страстному Скорпиону.

Дева сделает Козерога более приятным и игривым на своей стороне, изолируя его от той излишней серьезности, которую он часто демонстрирует на своем лице.

Безумие

На протяжении всей истории человечества безумие представало перед нами как неясная, загадочная и противоречивая истина. Оно пугало нас, мы его игнорировали и даже принимали, и в результате люди, которые якобы страдали от него, отвергались, уничтожались и почитались.

Любое поведение, не согласующееся с нашими рассуждениями, — это не обязательно акт безумия, но иной способ действия.

Ошибкой будет, если мы, испытывая угрызения совести или раздражение от поступков или безрассудства других людей, прогоним их, поскольку это не сделает нас более разумными, уравновешенными или совершенными, а, наоборот, сделает такими же сумасшедшими.

Определение безумия так же сложно, как и определение здравомыслия, но все знаки Зодиака имеют свою степень безумия.

__Рак:__ они темпераментны. Это приводит к тому, что они обладают непонятной для постороннего взгляда личностью. Популярность сумасшедшие заслужили благодаря своему непостоянному характеру, который иногда мешает окружающим.

Скорпион: для счастья им нужны перемены, они могут совершать безумные поступки только для того, чтобы получить хоть какую-то отдачу. Для них вспышка — это нормально, потому что они зависимы от перемен и неистовства.

Рыбы: невозможно, чтобы они не заразили вас своим безумием. Их нестабильность и неуравновешенность беспокоят окружающих. Они видят все в радужном свете, из-за чего их называют сумасшедшими, потому что они всегда парят на облаке.

Близнецы: славятся своей двойственностью. Иногда они находятся в конфликте с самими собой. Им нравятся вызовы, связанные с опасностью. Они любят планировать импровизированные приключения и всегда готовы перейти границы максимального безумия.

Лев: когда огонь поселяется в их голове, им кажется, что все, что окружает их жизнь, важнее всего остального. Они экстравагантны и придерживаются взглядов, которые для других считаются безумными. Они могут совершать поступки, которые разумный человек никогда бы не совершил.

Овны: они расстраивают себя и всех окружающих. Они упрямы и любят быть первыми во всем, даже если для этого им приходится совершать безумные поступки. Они не знают, как взять свои слова обратно, что приводит их к иррациональным поступкам.

Водолей: Бунтарский и свободный знак, который ничуть не заботится о том, какое мнение о них сложится. Они ведут себя капризно, с безумными взглядами, ломающими парадигмы.

Стрелец: Он весел, но жесток в своем стремлении к действию. Они не умеют соизмерять последствия своих действий, что многие считают безумием. Не странно видеть их совершенно необузданными, переходящими границы безответственности.

Весы: они жаждут счастья и гармонии, и чтобы получить их, готовы пойти на любые безумства. Они нестабильны, и это заставляет их нарушать взятые на себя обязательства, что многие считают безумием.

Дева: они впадают в крайности и становятся навязчивыми. Их представление о том, чего они хотят, написано на камне, никто не может дать им совет, они не дают себя направлять. Когда их не слушают, они совершают различные глупости.

Телец: когда в их голове рождается идея, никто не в силах ее прогнать, они даже совершают безумные поступки, чтобы подтвердить свою гипотезу. Попробуйте испытать их терпение, и вы узнаете, как далеко заходит уровень их безумия.

Козерог: Он абсолютно ничего не забывает, не прощает и тем более не забывает, если вы сделали что-то не так, не волнуйтесь, потому что он будет напоминать вам всю жизнь, чтобы свести вас с ума. Козерог безумно одержим идеей контроля.

Психология, лежащая в основе лотереи.

Лотерейные игры очень популярны во всем мире.

У каждого из нас есть несбыточная мечта - выиграть в лотерею, ведь иллюзия стать миллионером благодаря удаче, даже если шансы минимальны, - главная причина, по которой люди играют.

Игроки считают, что стоимость лотерейного билета по отношению к прибыли, которую они получат в случае выигрыша, ничтожно мала. Мы всегда воспринимаем риск эмоционально, и если он приносит нам удовольствие, то мы склонны считать риск незначительным и нейтрализовать эмоцию опасности, сосредоточившись только на выгоде.

Игроки рассматривают лотерею как уникальную возможность получить вознаграждение, вложив небольшие деньги и практически не подвергаясь риску.

Игры имеют как традиционные, так и суеверные аспекты. Некоторые люди всегда играют в одни и те же числа, потому что они их любимые, связывают их со знаменательной датой или они им приснились.

Другие играют в определенное время, день или место. Когда мы думаем, что контролируем ситуацию, мы чувствуем себя уверенно, потому что, когда мы сами выбираем числа, а не играем наугад, хотя шансы оказаться правым одинаковы, у нас создается впечатление, что мы управляем судьбой, и шансы складываются в нашу пользу.

Есть люди, которые играют только ради удовольствия, в таких случаях лотерея выходит за рамки экономических затрат, превращаясь в развлечение, которое оживляется, когда они прикидывают, что можно сделать на приобретенные деньги.

Существует пять психологических описаний отдельных игроков в лотерею:

Авантюрист, *которого завораживают игры с большими суммами денег, спекуляции со случайными числами и с запланированными.*

Конкурент, *который настаивает на том, чтобы показать себя через азартные игры, что он ставит на победу.*

Жадный, *не имеющий границ в азартных играх и не боящийся рисковать при ставках.*

Тактик, никогда не играя рискованно, ищет тактику, стратегию и числовые наборы при игре с числами.

Суеверный человек, который всегда играет одни и те же комбинации чисел, использует талисманы, ритуалы или покупает билеты на определенную дату и в определенном месте.

Существует ли хитрость или формула выигрыша в лотерею?

Этот вопрос до сих пор остается без ответа. Многие предполагают и утверждают, что вероятность того, что вас ударит молния, выше, чем вероятность выиграть в лотерею. Другие же с большим упорством и тонкостью изучают шансы.

Игра в лотерею, да и любая другая азартная игра, если она ведется в меру, — это дешевый способ приобрести иллюзии и уверенность в завтрашнем дне. Сложность возникает тогда, когда человек не контролирует свои порывы к игре, порождая зависимость от азартных игр и впадая в компульсивный гэмблинг.

Игровой наркоман — это человек, которому азартные игры доставляют большие трудности на работе и в семейных отношениях, поскольку проигрыши побуждают его играть на более крупные суммы с целью вернуть потерянные деньги. Это становится замкнутым кругом, и единственным способом его разрешения является психотерапевтическое лечение.

Лучшие подарки для знаков зодиака

Подарок — это универсальный способ показать, что мы заботимся о человеке и ценим его, но покупка подарка может стать сложной задачей, а для некоторых - настоящей головной болью.

Планеты могут помочь вам один раз, зная знак зодиака человека, вы сможете сделать идеальный подарок.

Огненные знаки: **Овну, Льву и Стрельцу** *нравятся подарки, которые заставляют их чувствовать свою значимость, связанные со спортом, путешествиями, техникой.*

Этим знакам очень понравится профессиональный цифровой фотоаппарат, последняя модель iPhone, билет на самолет с включенным отелем в экзотическое туристическое место или с историческим прошлым, деловая литература, спортивная одежда или тренажеры, лотерейные билеты, бутылки изысканного вина и эксклюзивная брендовая обувь.

Тельцы, Девы и Козероги, *принадлежащие к стихии Земли, иногда бывают традиционны, но* это не значит, что им не нравятся подарки от признанных брендов.

Их порадует картина известного художника, ремень или портфель для хранения рабочих бумаг, бумажник с их инициалами, фирменная парфюмерия, массаж или процедуры для тела, домашнее животное, халаты, уютные пижамы или даже аром диффузоры.

Воздушные знаки: **Близнецы, Весы и Водолей -** не материалисты, и функциональность подарка для них гораздо важнее цены. Их воображение богато, и все, что стимулирует эту способность, им нравится.

Сотовый телефон, компьютер или IPad, книги по личностному росту, духовности, философии и альтернативным методам лечения, курсы самопомощи и расширения экономических возможностей, телескоп, билеты в оперу или театр, животное, которое не нужно держать в клетке, кварц, эфирные масла, благовония и одеколон после ванны будут высоко оценены этими знаками.

Рак, Скорпион и Рыбы, *водные знаки, будут в восторге от персонализированных подарков.*

Посуда для приготовления пищи, романтический ужин на пляже под луной, расслабляющий массаж в спа-салоне, смелое нижнее белье, тапочки или удобный диван для просмотра телевизора, бутылка шампанского, ароматические свечи, амулеты, книги по астрологии, набор карт Таро, лосьоны, духи и косметические принадлежности, вино, печенье, консервы и всевозможные деликатесы - вот список подарков, которые эти знаки примут с большим удовольствием.

Дарить подарки — это благословение, это жест щедрости; дарение подарков — это символический акт, который представляет собой комплимент, внимание к тому, кого мы хотим порадовать, и символизирует привязанность, которую мы исповедуем.

Когда мы дарим подарки, отношения улучшаются и укрепляются, появляется радость.

Знаки зодиака и их страхи.

Двенадцать знаков Зодиака символизируют двенадцать основных архетипов человеческой личности, но в то же время они являются психологическими прототипами, поэтому каждый из знаков Зодиака обладает совершенно конкретным и личностным страхом.

Давайте вспомним, что страх — это важнейший механизм тревоги и защиты человека. Он становится проблемой только тогда, когда становится чрезмерным.

*Страхи — это неуверенность в себе, и иногда мы проецируем их на противоположные действия, как в случае со знаком **Овна, который** известен своей железной волей, ничто и никто его не парализует. Они любят все контролировать, а их самый укоренившийся страх - потерпеть неудачу или попросить о помощи, поскольку для них это синоним слабости.*

***Телец** - самый упрямый из земных знаков. Их пугают перемены, а также нехватка денег, они всю жизнь копят, потому что их пугает бедность.*

Близнецы, коммуникаторы Зодиака, немного тревожны и неуверенны в себе, они стараются привлечь к себе внимание, потому что боятся выглядеть скучными. Законные дети Луны, Раки любят свою зону безопасности, потому что там их никто не может обидеть, они боятся одиночества и отверженности.

Лев, король зодиака, лидеры и храбрецы, не рождены для того, чтобы проигрывать. Их самый укоренившийся страх - остаться незамеченными; они предпочитают, чтобы о них говорили плохо, но не игнорировали.

Мастер аккуратности **Дева** иногда становится навязчивым в вопросах здоровья, поэтому они ипохондрики. Их главный страх - заболеть, но больше всего их пугает неорганизованность.

Исключительно интеллектуальные **Весы** нерешительны, и в этом кроется их главный страх - принимать решения. Другой их страх - одиночество.

Загадочные и обольстительные **Скорпионы** обладают памятью слона, они боятся предательства и, если вы сделаете что-то, что им не понравится, они будут скрывать это от вас вечно. Никогда не храните секреты от Скорпиона.

Авантюрист по знаку зодиака, **Стрелец** боится обязательств, потому что их требования ужасают. Они очень веселы, но за улыбкой скрывается страх быть обманутым.

Требовательные до крайности, **Козероги** никогда не отступают от своих целей; их главный страх - совершить ошибку, особенно на профессиональном уровне. Они самоотверженны и боятся не достичь своей мечты.

Бунтари и **утописты-Водолеи** боятся потерять свободу, это означало бы утрату собственной сущности. У них всегда много дружеских связей, но ни одна из них не связывает их. Они нуждаются в группе, но не хотят, чтобы группа нуждалась в них.

Мир - синоним **Рыб**, они ненавидят конфронтацию. Сострадательные до глубины души, они боятся видеть, как страдают другие.

Они немного неуверенны в себе, испытывают страх сцены и боятся отказа.

В некоторых старых книгах по астрологии Сатурн полностью отвечает за страх в натальной карте, я же считаю, что для возникновения страха необходимо проявление союза нескольких планет с соответствующими энергиями.

То есть страхи представлены несколькими планетами, связанными аспектами, нет конкретной планеты, которая обязательно связана с развитием того или иного вида страха.

Луна в Деве

Дева руководствуется перфекционизмом и стремлением быть полезным другим. Талант Девы лежит в области анализа.

Луна в Деве склонна переживать эмоции надежно и стабильно.

Урок Луны в Деве заключается в том, чтобы научиться выходить за пределы физического и соединяться с духовным, т. е. необходимо научиться расширять свой кругозор.

Если Ваша Луна находится в Деве, то Вы всегда ищете способы улучшить окружающую Вас обстановку и внимательно следите за всеми недостатками, которые необходимо исправить. Вы любите заботиться о других и служить им, причем делаете это в виде небольших одолжений. Вы любите менять к лучшему любую сферу своей жизни.

Дева — это знак, который всегда занят деталями и борется с мелочами. Она прекрасно улавливает небольшие эмоциональные изменения и обладает отличным чувством границ.

Один из самых важных уроков для человека с Луной в Деве - принять тот факт, что совершенства не существует. Такая Луна очень легко теряет чувство перспективы и чувствует угрозу, когда обнаруживает недостатки, которые не в состоянии исправить. Когда это происходит, ваша инстинктивная реакция - критика. Ваше эго считает, что если вы преувеличиваете то, что нужно исправить, то это исправит кто-то другой. Ваша потребность в безопасности основана на деталях, но вас волнуют только те вещи, на которые, как вам кажется, вы можете повлиять. Если Вы случайно оказываетесь в ситуации, которая не поддается Вашему контролю, Вы не переживаете по этому поводу, сколько бы недостатков Вы ни нашли. То есть вы осознаете, на что вы можете повлиять, а что можете исправить.

Когда Луна в Деве чувствует угрозу, Вы начинаете концентрироваться на мелких, неважных деталях. Короче говоря, если у вас нет возможности исправить то, что, по вашему мнению, требует исправления, вы сосредоточитесь на том, что можете исправить.

Значение знака Асцендент

Солнечный знак оказывает большое влияние на то, кто мы есть, но Асцендент — это то, что действительно определяет нас, и это даже может быть причиной того, что вы не идентифицируете себя с некоторыми чертами своего знака Зодиака.

Действительно, энергия, которую дает вам ваш солнечный знак, заставляет вас чувствовать себя не так, как все остальные люди, поэтому, когда вы читаете свой гороскоп, вы иногда чувствуете себя идентифицированным и придаете смысл некоторым предсказаниям, и это происходит потому, что он помогает вам понять, что вы можете чувствовать и что с вами произойдет, но он показывает вам только процент того, что может быть на самом деле.

С другой стороны, Асцендент отличается от солнечного знака тем, что он отражает то, кем мы являемся на поверхностном уровне, то есть то, как другие видят вас или энергию, которую вы передаете людям, и это настолько реально, что может случиться так, что вы встретите человека и, предсказав его знак, обнаружите его Асцендент, а не солнечный знак.

В целом, характеристики, которые вы видите в человеке при первой встрече, — это Асцендент, но поскольку наша жизнь зависит от того, как мы относимся к другим людям, Асцендент оказывает большое влияние на нашу повседневную жизнь.

Объяснить, как рассчитывается или определяется восходящий знак, довольно сложно, поскольку он определяется не положением планеты, а знаком, который восходил на восточном горизонте в момент вашего рождения, в отличие от вашего солнечного знака, который зависит от точного времени вашего рождения.

Благодаря технологиям и Вселенной сегодня узнать эту информацию проще, чем когда-либо, конечно, если вы знаете время своего рождения, или если вы имеете представление о времени, но запас не превышает нескольких часов, потому что существует множество сайтов, которые производят расчеты путем ввода данных, Astro.com - один из них, но их бесконечное множество.

Таким образом, читая свой гороскоп, вы можете также прочитать свой Асцендент и узнать больше индивидуальных деталей. Вы увидите, что с этого момента, если вы будете делать это, ваш способ чтения гороскопа изменится, и вы будете знать, почему этот Стрелец такой скромный и пессимистичный, если на самом деле он такой преувеличенный и оптимистичный, и это, возможно, потому, что у него Асцендент Козерога, или потому, что этот коллега Скорпион всегда говорит обо всем, без сомнения, у него Асцендент Близнецов.

Я собираюсь обобщить характеристики различных Асцендентом, но это также очень общая характеристика, поскольку эти характеристики изменяются планетами в соединении с Асцендентом, планетами, аспектирующими Асцендент, и положением планеты-управителя знака на Асцендент.

Например, человек с Асцендентом Овна, у которого управляющая планета Марс находится в Стрельце, будет реагировать на окружающую среду несколько иначе, чем другой человек, также с Асцендентом Овна, но у которого Марс находится в Скорпионе.

Точно так же человек с Асцендентом Рыб, имеющий соединение с Сатурном, будет "вести себя" иначе, чем человек с Асцендентом Рыб, не имеющий этого аспекта.

Все эти факторы изменяют Асцендент, астрология очень сложна, и гороскопы не читаются и не составляются с помощью карт Таро, поскольку астрология — это не только искусство, но и наука.

Часто можно спутать эти две практики, и это связано с тем, что несмотря на то, что это два совершенно разных понятия, они имеют ряд общих моментов. Одним из таких общих моментов является их происхождение, которое заключается в том, что обе процедуры известны с древнейших времен.

Они также схожи по используемым символам, так как в обоих случаях речь идет о неоднозначных символах, которые необходимо интерпретировать, что требует специального чтения и обучения, чтобы знать, как интерпретировать эти символы.

Различий тысячи, но одно из главных состоит в том, что если в Таро символы совершенно понятны на первый взгляд, являясь образными картами, хотя и необходимо знать, как их хорошо интерпретировать, то в астрологии мы наблюдаем абстрактную систему, которую необходимо знать прежде, чем интерпретировать, и, конечно, надо сказать, что, хотя мы и можем распознать карты Таро, любой человек не может их правильно интерпретировать.

Толкование также является отличием этих двух дисциплин, поскольку если в таро нет точной привязки ко времени, так как карты располагаются во времени только благодаря вопросам, задаваемым в соответствующем раскладе, то в астрологии есть привязка к конкретному положению планет в истории, и системы толкования, используемые в обеих дисциплинах, диаметрально противоположны.

Астрологическая карта — это основа астрологии и самый важный аспект для составления прогноза. Чтобы чтение было успешным и позволило узнать больше о человеке, астрологическая карта должна быть идеально проработана.

Для составления карты рождения необходимо знать все данные о рождении человека, о котором идет речь.

 Он должен быть точно известен, начиная с точного времени его доставки и заканчивая местом, где он был выполнен.

 Положение планет в момент рождения покажет астрологу те точки, которые необходимы ему для составления карты рождения.

Астрология — это не только знание своего будущего, но и знание важных моментов своего существования, как настоящего, так и прошлого, чтобы принимать более правильные решения для определения своего будущего.

Астрология поможет вам лучше узнать себя, чтобы изменить то, что мешает вам, или усилить свои качества.

И если астрологическая карта является основой астрологии, то гадание на таро является основополагающим в последней дисциплине. Как и от того, кто составляет астрологическую карту, от провидца, который составляет расклад Таро, зависит успех вашего чтения, поэтому лучше всего обратиться к рекомендованным гадателям, и хотя, конечно, вы не сможете ответить конкретно на все вопросы, которые задаете себе в жизни, правильное чтение расклада Таро и карт, которые выходят в раскладе, поможет сориентироваться в решениях, которые вы принимаете в своей жизни.

Таким образом, и астрология, и таро используют символизм, но главный вопрос заключается в том, как весь этот символизм интерпретируется.

человек, действительно владеющий обеими техниками, несомненно, окажет большую помощь тем, кто обратится к нему за советом.

Многие астрологи совмещают обе дисциплины, и регулярная практика показала мне, что обе они обычно очень хорошо сочетаются, обогащая все вопросы предсказания, но это не одно и то же, и нельзя составить гороскоп по картам Таро, как нельзя составить Таро по астрологической карте.

Асцендент в Деве

Люди с Асцендентом в Деве озабочены своим здоровьем и образом жизни. Многие люди с таким Асцендентом обращают внимание на физическое тело. Представителям этого знака Асцендент следует помнить, что совершенство достигается в равновесии.

В области чувств асцендентным Девам, если они состоят в отношениях, следует постараться избавиться от дурных мыслей, проистекающих из того, что их партнер не является "идеальным" или не разделяет их представления о порядке.

Люди с Асцендентом в Деве должны научиться быть более гибкими и управлять несовершенством, чтобы вести более здоровый образ жизни в гармонии со Вселенной.

Овен - Асцендент Девы

Это сочетание знаков противоречиво, поскольку в нем проявляется благоразумие Девы и нетерпеливость и безрассудство Овна. В профессиональной сфере эти люди пользуются уважением коллег благодаря своей сердечности. Как правило, им удаются работы, требующие определенной техники, хотя это не мешает им быть успешными в любой сфере деятельности благодаря своей выносливости и настойчивости. Они также являются трудолюбивыми работниками.

В любви они требовательны и способны видеть недостатки других за сто километров, даже создавая им проблемы, поскольку не умеют молчать о том, что думают. Им нелегко легко втянуться в отношения.

Дева с Асцендентом и Овном склонны становиться трудоголиками, не умеют расслабляться и берут на себя больше, чем могут осилить.

Телец - Асцендент Девы

Тельцы с Асцендентом Девы рациональны, практичны и требовательны к себе.

На работе они склонны концентрироваться на всем, что связано с умственным трудом. Им нравится работать над амбициозными проектами и изучать, как сделать их успешными.

В любовных отношениях это люди, которые ведут себя элегантно и ласково. Единственное, что они не будут проявлять эту грань, пока не почувствуют себя уверенно.

Они могут стать высокомерными людьми, кичащимися своими знаниями, хотя на самом деле они ими не обладают. Они также скептически относятся к любой вере.

Близнецы - Асцендент Девы

Близнецы-Асцендент-Дева — это люди, отличающиеся разнообразием контрастов и выделяющиеся своей особенностью. Это сочетание бросает вызов самому себе, поскольку стремится к практичности во всем, но также и к самой абстрактной части.

На работе они не амбициозны, но благодаря вниманию Девы к деталям и умственным способностям Близнецов им несложно достичь тех целей, которые они перед собой ставят.

В отношениях они много работают со своими эмоциями, становясь чрезвычайно требовательными людьми, что затрудняет их совместную жизнь и обязательства.

Рак - Асцендент Девы

Представители знака Рак с Асцендентом в Деве очень внимательны и заботливы по отношению к своей семье и близким друзьям. Они очень заботятся об их безопасности и благополучии и умеют поддерживать дружеские отношения.

На работе они очень организованны и эмпатичны, что помогает им делать людей, с которыми они общаются, счастливыми.

В любви это люди, которым трудно инициировать отношения, так как они очень застенчивы. Но как только они решаются на этот шаг или находят подходящего человека, они становятся требовательными и ласковыми с этим конкретным человеком.

В эмоциональной сфере есть и негативная сторона, поскольку стремление Девы к совершенству заставляет этих людей направлять всю свою эмоциональную неудовлетворенность на окружающих.

Лев - Асцендент Девы

Лев с Асцендентом Девы — это люди с утонченным практическим чутьем, что благоприятно сказывается на повседневной рутине. Это интроспективные люди, ценящие одиночество и близость.

Это методичные и аналитические личности, но иногда они очень горды в профессиональной сфере.

В их отношениях расхожее выражение "картина говорит больше, чем тысяча слов" применимо на 100%, и они также чрезвычайно требовательны к тому, чего хотят.

Они никогда не вступают в эмоциональные отношения, пока не убедятся, что человек им подходит.

Некоторые из них очень самокритичны и горды, что затрудняет установление плодотворных отношений.

Дева - Асцендент Девы

Эта зодиакальная комбинация усиливает все потенциальные возможности знака Девы, как хорошие, так и плохие. Это чрезвычайно перфекционист кие и логичные люди. Они всегда стоят на земле и не являются идеалистами.

В профессиональной сфере это трудолюбивые работники, которые не бросают начатое дело, пока оно не будет соответствовать тем требованиям совершенства, которые они предъявляют к себе. Они не любят, когда им помогают, так как считают, что никто не сделает это лучше, чем они сами. Иными словами, они не умеют делегировать полномочия, что в определенных обстоятельствах может быть негативным фактором.

В отношениях они недоверчивы и должны быть уверены в отношениях, чтобы полностью в них погрузиться. Поэтому большинство из них долгое время остаются одинокими.

Одержимость деталями - его погибель.

Весы - Асцендент Девы

Эти люди очень практичны и помогают всем.

В своей профессии они очень трудолюбивы и стремятся как можно скорее достичь финансовой независимости.

В сентиментальных отношениях они преданные, честные и верные люди. Они не любят сильных приключений, так как предпочитают традиционный стиль жизни.

Некоторые из них склонны к жадности и в итоге оказываются финансовыми банкротами.

Скорпион - Асцендент Девы

Скорпион с Асцендентом в Деве — это люди, которые не жалеют слов, они говорят то, что чувствуют, без фильтров.

Иногда это может быть полезно для личных отношений, поскольку, в отличие от других знаков, им не составляет труда высказать то, что они думают, даже если это неприятные вещи.

Это сочетание прекрасно подходит для исследовательской работы, поскольку интуиция Скорпиона сочетается с любовью Девы к деталям, что делает этих людей лучшими в решении любых проблем.

На работе они очень ответственны, всегда ищут корень проблем и не успокаиваются, пока не решат их.

В романтических отношениях они довольно закрыты, но, открывшись кому-то, остаются верными.

Темная сторона этой астральной комбинации заключается в том, что они являются манипуляторами и будут пытаться навязать свою правду.

Стрелец - Асцендент Девы

 Стрельцы с Асцендентом в Деве ставят семью превыше всего. Они отличаются большими умственными способностями, что помогает им быстро продвигаться в любой профессии.

Их работа всегда будет сопряжена с семейной стабильностью. Они эмоционально сдержанны и имеют много моральных проблем. Им трудно найти подходящего партнера, но, когда он найдется, они могут поделиться с ним всеми своими секретами.

Семья может жестоко обращаться с такими людьми.

Козерог - Асцендент Девы

Козероги с Асцендентом в Деве - трудолюбивые люди, постоянно совершенствующие свои навыки и находящие в этом процессе свое призвание.

Это люди, которые предпочитают работать на себя, поскольку не выносят, когда кто-то менее квалифицированный отдает им приказы. Они обладают большой способностью и умением генерировать деньги, и если они найдут свое истинное призвание, то без проблем смогут посвятить этому занятию все часы.

Они избирательны в своих отношениях и не хотят тратить время на эфемерные или банальные связи.

Иногда они становятся одержимыми работой, доходя до того, что живут ради работы, а не работают ради жизни.

Водолей - Асцендент Девы

Такое астрологическое сочетание приводит к столкновению стремления Водолея к независимости и потребности Девы в стабильности, что приводит к нестандартному сценарию.

Такое сочетание качеств делает их идеальными сотрудниками, поскольку это очень организованные и методичные люди, умеющие общаться и выдвигать оригинальные идеи.

В отношениях они склонны к интрижкам и не любят обязательств. Это очень нелюбящие и довольно забавные люди. Они обладают незаурядным умом и могут быть очень сложными *в эмоциональном плане, что затрудняет отношения.*

Рыбы - Асцендент Девы

Дева на Асцендент Рыб — это уравновешенные люди, поскольку они сочетают в себе рассудительность и организованность Девы с эмпатией и чувствительностью Рыб.

На работе они проявляют творческие способности и умеют прекрасно общаться с коллегами и окружающими. Они могут руководить группами людей.

Для них отношения — это необходимость, и когда они преданы, то посвящают себя этому человеку душой и телом.

Иногда они увлекаются первым впечатлением, не узнав человека как следует.

Сатурн в Рыбах - одно из важнейших астрологических событий.

7 марта 2023 года стало одним из самых важных дней в астрологическом календаре этого года. Сатурн, суровый учитель и повелитель кармы, вступил в противоборство с Рыбами, мечтателями. Нынешний транзит Сатурна по знаку Рыб, который продлится до февраля 2026 года, оказался не самым приятным.

Сатурн - планета ответственности и строгой власти, дисциплинирующая и структурирующая нас во время своих транзитов по знакам Зодиака. Сатурн хочет убедиться в том, что мы достигаем своих целей, и когда эта планета проходит через Рыб, самый духовный знак, нам предстоит сделать несколько важных предложений. Плутон и Сатурн, двигаясь в унисон, вызовут гигантский энергетический вулкан и гарантированно станут незабываемым периодом.

Это может показаться формулой борьбы, но такое энергетическое сочетание может быть эффективным и прибыльным.

Сатурн в Рыбах не удовлетворен. Ему трудно создавать структуры и строить реальность, когда все смещается. Рыбы - двойственный знак, поэтому он может выражать себя противоположными способами; он может быть как трансцендентным, так и практичным. Есть вероятность, что Сатурн в Рыбах указывает на строительство форм над или под водой, или на господство над водой, например, трубопроводов, акведуков, портов. Но он также может указывать на разрушение этих сооружений из-за ураганов или хрупкости конструкции.

Архетип Рыб противоречит Сатурну. Он олицетворяет утопию, творчество, духовность и эзотерику, а также мечты, иллюзии, ложь и эскапизм. Он символизирует стремление течь подобно морю, разрушая границы и ограничения.

Последний транзит Сатурна в Рыбах проходил с мая 1993 года по апрель 1996 года. На этом этапе проявились результаты распада Советского Союза в 1989 году, который вызвал последствия во всем мире и разрушил российскую экономику. В 1994 году Россия начала первую чеченскую войну, которая продолжалась до 1996 года. В мае 1993 года в Гааге был создан Международный уголовный трибунал по бывшей Югославии для преследования военных преступлений, совершенных во время югославской войны в начале 1990-х годов.

С другой стороны, боснийская война между хорватами, боснийцами и сербами сопровождалась жестокостями и этническими чистками, различными казнями. Война закончилась в 1995 году, и большинство командиров боснийских сербов были осуждены за геноцид и преступления против человечности. В 1994 году начался геноцид в Руанде, когда банды хату убили более 700 тыс. тутси, а в ходе резни, окончательно завершившейся в июле, было изнасиловано несметное количество женщин. Кризис разоружения Ирака после окончания первой войны в Персидском заливе был в самом разгаре, было много шума и не было доверия между участниками.

В Швейцарии секта "Орден Солнечного храма" совершила целую серию преступлений и массовых самоубийств, а в США Тимоти Маквей убил 168 человек во время взрыва в Оклахома-Сити. Именно во время транзита Сатурна по Рыбам Од. Симпсон был арестован за убийство своей бывшей жены и бойфренда и освобожден после длительного судебного разбирательства, ставшего голливудским зрелищем.

 В Лондоне Фред Уэст и его жена Роуз были заключены в тюрьму после того, как на их заднем дворе были обнаружены тела многочисленных жертв убийств.

В ЮАР прошли первые многорасовые выборы, президентом страны был избран Нельсон

Мандела, который впоследствии отменил смертную казнь в этой стране. Россия и Китай подписали соглашение о прекращении провоцирования друг друга своими ядерными устройствами, а Договор о нераспространении ядерного оружия был бесконечно усилен 170 странами. В Австралии была достигнута договоренность о выплате компенсации коренному населению, выселенному во время ядерных испытаний в 1950-1960-е годы.

Среди других событий во время транзита Сатурна в Рыбах - религиозные течения, идеологические движения, такие как социализм и левизна, передача болезней и инфекций, деструктивное поведение, вызванное паникой, рост употребления наркотиков и развитие всех видов искусства, а также средств морского транспорта.

Сатурн в Рыбах будет следить за тем, чтобы мы не могли использовать духовность или страх для того, чтобы избежать определенных конфликтов, с которыми мы должны столкнуться. Мы можем медитировать, уехать на сто лет в Тибет, использовать самые мощные мантры во Вселенной, но в какой-то момент мы должны действовать.

В последние несколько лет, когда Сатурн проходил транзит по Водолею, возникла необходимость сосредоточиться на индивидуальности и быть более искренними, а не терпеть принуждение со стороны окружающих.

Хотя Водолей - знак, известный тем, что танцует под свою дудку, Сатурн, связанный с ограничениями, подтолкнул нас к тому, чтобы остаться наедине с собой (вспомните ограничения во время пандемии) и посмотреть, куда мы можем поместить себя, чтобы создать здоровые границы.

Все эти уроки подготовили нас к тому, что нас ожидает с Сатурном в Рыбах. Мы начнем более осмысленно подходить к вопросу о том, как привнести духовность в нашу повседневную жизнь, сохраняя при этом понимание того, как следует себя структурировать. Многие люди откажутся от религий и догм или поставят их под сомнение.

Конечно, есть много тех, кому этот период не понравится, среди них - религиоведы и те, кто пропагандирует теории заговора. Мы увидим конфликты между людьми, исповедующими разные религии, и множество тенденций, направленных на то, чтобы доминировать над тем, во что верят другие.

Мы должны принять тот факт, что, если другие не согласны с нашими убеждениями, это не значит, что они не правы. Это просто указывает на то, что их взгляды отличаются, ведь в итоге Рыбы выступают за всеохватность. То, чего нам не хватает.

Поскольку Рыбы и Нептун управляют бизнесом развлечений, крупные студии и звукозаписывающие компании закроются, и многие артисты, которые были связаны с этими студиями, решат создать свои собственные. Если Вы являетесь художником, то в Ваших интересах использовать свой труд с пользой для себя, а не позволять крупным компаниям, находящимся на вершине, наслаждаться дивидендами.

Снизится интерес к спецэффектам и усилится ориентация на самодостаточные фильмы и темы, отражающие повседневность. Мы будем ценить окружающую нас красоту и меньше ориентироваться на гламур.

Карма часто воспринимается как зло, но если вы вели себя хорошо, то пожинать то, что посеяли, не так уж плохо.

Работа с кармическим и подсознательным багажом, понимание прошлого и готовность его отпустить — все это очень важно для того, чтобы пройти этот транзит и успешно выйти из него. Если вы уклонитесь от этого, Сатурн накажет вас, но если вы примете его, то придете в место, которое предопределено для чего-то великого.

Положение Сатурна в нашей натальной карте указывает на то, где мы вынуждены обрести контроль над реальностью и взять на себя большую ответственность.

Рыбы - последний знак Зодиака, поэтому движение Сатурна здесь также указывает на завершение или точку окончания гораздо более крупного цикла.

Рыбы - водный знак, олицетворяющий свет, тьму и невидимые миры. Он известен своими абстрактными идеями и творчеством. Рыбы - мотобольный знак, что означает, что он адаптируется и открыт для энергий окружающего мира. Сатурн - очень твердая энергия. Он управляет законом, ответственностью и ограничениями, и его энергия иногда может быть похожа на сигнал тревоги, возвращающий нас к реальности, и заставляющий столкнуться с последствиями своих действий.

Присутствие Сатурна в Рыбах может показаться несколько тяжелым из-за всего этого, так как обычно водная, интуитивная и чувствительная энергия Рыб будет вынуждена стать более сдержанной.

Чтобы лучше понять это, можно рассуждать так: если Рыбы — это плавно текущая вода, то присутствие Сатурна будет создавать плотины, и эти плотины могут направлять воду в продуктивное и благоприятное русло, но могут и подавлять или контролировать ее.

Однако существует возможность создать баланс между этими двумя энергиями, поскольку творческие, неосязаемые и внешние идеи, свойственные энергии Рыб, могут укорениться благодаря Сатурну.

Сатурн обладает практической энергией, поэтому, если соединить его с творческим потенциалом Рыб, можно достичь баланса, который поможет нам воплотить наши творческие идеи в жизнь или даже превратить их в бизнес.

Рыбы также связаны с религией и духовностью, поэтому под влиянием Сатурна может возникнуть множество вопросов о религии и духовности и о том, как они связаны с правилами, управляющими обществом; духовная индустрия также может получить импульс к развитию под влиянием этой энергии, или на личном уровне изменится Ваше собственное отношение и убеждения относительно Ваших духовных или религиозных связей.

Сатурн очень хочет, чтобы мы взяли на себя ответственность за свою жизнь и действовали в соответствии со своим подлинным "я".

Сатурн может накладывать ограничения, которые заставляют нас чувствовать себя в ловушке или задыхаться, но это только для того, чтобы мы могли найти время для того, чтобы понять, чего мы действительно хотим и что готовы отстаивать.

Другой способ получить дополнительную информацию об этом мощном планетарном транзите - вспомнить темы, которые развивались в вашей жизни в последний раз, когда Сатурн находился в Рыбах, то есть с 1994 по 1996 год, чтобы получить дополнительную информацию о том, что может принести вам этот цикл.

Как это отразится на знаке Девы?

Сатурн в Рыбах принесет откровения, касающиеся ваших отношений. Речь идет не только о романтических отношениях, но и обо всех отношениях с другими людьми, о том, как вы связаны и относитесь к окружающим вас людям.

Энергия Сатурна может проявляться как энергия строгого учителя, дающего жесткие уроки и ставящего перед вами сложные задачи, но все это во имя роста и зрелости.

Сатурн хочет, чтобы мы повысили свой уровень, чтобы мы раскрыли весь свой потенциал и стали хозяевами своей жизни. Поскольку Сатурн в Рыбах активизирует ваши отношения, вполне возможно, что на вашем пути встретится настоящий мастер.

Этот учитель может прийти в виде костюма или стать для вас наставником. Учитель может быть соперником на работе, вашим партнером или человеком, который ищет поддержки.

Этот учитель может также прийти в виде жизненных уроков. Пересмотр ваших отношений позволит вам понять, чего вы хотите от жизни и кем хотите себя окружить. Если отношения находятся на сухом остатке, Сатурн в Рыбах принесет стабильность, необходимую для принятия решения.

Вы можете решить, что эти отношения больше не для Вас, или же Вы можете получить сигнал к пробуждению и решить, что Вы хотите разрешить все, что происходит. Сатурн направит Вас к наилучшему для Вас ответу.

Но сначала вам, возможно, придется проделать некоторую внутреннюю работу. Как вы узнаете, чего хотите от других, если сначала не узнаете себя? Наши отношения могут очень многое рассказать о том, кто мы есть и чего мы хотим. Иногда нам нужно быть в отношениях, которые не являются такими, как мы хотим, чтобы понять, чего мы хотим.

Это может быть возможным проявлением Сатурна в Рыбах. Вы также можете обнаружить, что после долгих лет проб и ошибок наконец-то привлекли идеального партнера или отношения.

Сатурн хочет, чтобы мы взяли на себя обязательства, так что же вы хотите взять на себя? Перед кем вы хотите взять на себя обязательства? Именно такие вопросы Сатурн может породить в вас. Сатурн в этом положении может быть также благоприятным предзнаменованием для брака или для создания более глубоких обязательств перед окружающими нас людьми.

Все, что здесь можно сделать, — это следовать своему сердцу, Сатурн часто показывает нам, за кого стоит бороться, а кто просто гасит нашу душу и дух.

Иногда Сатурн может привносить в наши отношения раздражающую энергию, и именно в этом случае нам необходимо устанавливать границы. Научиться устанавливать границы в отношениях с другими людьми - еще один замечательный урок от Сатурна в Рыбах для вас.

Установление хороших границ — это еще и обучение разрушению некоторых старых границ, основанных на страхе. Вы также можете обнаружить, что туман рассеивается, и вы можете увидеть правду о тех, кого вы решили окружить. Если был какой-то обман, Сатурн может раскрыть его, и Вы сможете двигаться дальше, опираясь на правду.

Это все те вещи, над которыми вам, возможно, придется поработать во время транзита Сатурна по знаку Рыб. По сути, к тому времени, когда Сатурн завершит свое путешествие по знаку Рыб, Вы будете общаться с другими людьми на совершенно новом уровне. Вы будете более спокойны и уверены в себе, когда речь зайдет о тех, кого Вы хотите видеть рядом с собой.

 Вы также будете чувствовать себя более уверенно, когда речь идет о границах, которые необходимо устанавливать в отношениях с другими людьми. Все это звучит потрясающе, и, конечно, путь к этому не всегда может быть легким.

Сатурн в Рыбах находится прямо напротив Девы в колесе Зодиака, поэтому этот транзит будет ощущаться Вами сильнее, чем другими. Поскольку Сатурн связан с правилами и законами, его прохождение по знаку Рыб может вызвать у Вас проблемы с заключением контрактов. Если Вы заключаете какие-либо контракты, убедитесь, что они соответствуют Вашим желаниям, и не идите на поводу у желаний окружающих.

Если под этим транзитом у Вас возникнут проблемы, вернитесь к ответственности. За что Вам нужно взять на себя ответственность? Решение этого вопроса поможет Вам снять остроту спорных вопросов.

Как владыка кармы, Сатурн всегда позаботится о том, чтобы справедливость в конце концов восторжествовала, просто для этого придется проявить немного терпения. Если вам придется понести некоторые потери, будьте уверены, что со временем из этого получится что-то хорошее.

Даже если все идет наперекосяк, Сатурн способен вывести вас на путь, который вам предназначен.

Все мы приходим сюда с контрактом души, соглашением, которое мы заключили до того, как вошли в свое физическое тело. Сатурн так тесно связан с вашим душевным договором, что он знает, что делает, и, не раскрывая слишком многого, собирается помочь вам в достижении цели.

Сатурн знает на уровне души, для чего мы здесь, и он будет направлять нас, чтобы мы вернулись на прежний курс или продолжали двигаться дальше. Если что-то угасает, если отношения разрываются, если открываются болезненные истины, если мы боремся с контрактными проблемами — все это лишь для того, чтобы вернуться к своему истинному "я".

Уникальный дар Сатурна в Рыбах заключается в том, что вы будете знать, чего хотите от окружающих вас людей. Вы будете знать, в чем и с кем вы готовы идти на компромисс.

 У вас появится более тонкое чувство того, кого вы хотите держать рядом с собой и каким вы хотите быть в своих отношениях. Работа с отношениями — это всегда одна из самых *сложных задач, но ваша интуиция и практичность проведут вас через нее.*

Библиография

Часть информации взята из книг, изданных авторами: Любовь для всех сердец, Деньги для всех карманов и Гороскоп на 2022 и 2024 годы.

Статьи, написанные в газете "Nuevo Herald" одним из авторов.

Об авторах

Помимо астрологических знаний, Алина А. Руби имеет богатое профессиональное образование: она имеет сертификаты по психологии, гипнозу, Рейки, биоэнергетическому целительству кристаллами, ангельскому целительству, толкованию снов, а также является духовным инструктором. Руби обладает знаниями в области геммологи, которые она использует для программирования камней или минералов и превращения их в мощные амулеты или талисманы защиты.

Руби отличается практичностью и нацеленностью на результат, что позволило ему обладать особым и интегрирующим видением нескольких миров, способствующим решению конкретных задач.

Алина пишет ежемесячные гороскопы для сайта Американской ассоциации астрологов; их можно прочитать на сайте www.astrologers.com. В настоящее время она ведет еженедельную колонку в газете *El Nuevo Herald* на духовные темы, которая выходит каждое воскресенье в цифровом виде и по понедельникам в печатном. Также ведет программу и еженедельный Гороскоп на *YouTube*-канале этой газеты. Ее астрологический ежегодник ежегодно публикуется в газете "*Diario las Américas*" под рубрикой *Rubi Astrologa*.

Руби написала несколько статей по астрологии для ежемесячного издания "*Today's Astrologer*", вела занятия по астрологии, Таро, чтению по ладони, исцелению кристаллами и эзотерике.

На ее канале в *YouTube* еженедельно выходят видеоролики на эзотерические темы: *Rubi Astrologa*. У нее есть собственное астрологическое шоу, которое ежедневно выходит на канале *Flamingo T.V.*, она давала интервью нескольким теле- и радиопрограммам, ежегодно выпускает "Астрологический ежегодник" с гороскопом по знакам и другими интересными мистическими темами.

Она является автором книг "Рис и бобы для души", часть I, II и III, сборника эзотерических статей, изданных на английском, испанском, французском, итальянском и португальском языках. Книги "Деньги для всех карманов", "Любовь для всех сердец", "Здоровье для всех тел", Астрологический ежегодник 2021, Гороскоп 2022, Ритуалы и заклинания для успеха в 2022 году, Заклинания и секреты, Астрологические классы, Ритуалы и чары 2024 и Китайский гороскоп 2024 изданы на пяти языках: английском, итальянском, французском, японском и немецком.

Руби свободно владеет английским и испанским языками и сочетает в своих выступлениях все свои таланты и знания. В настоящее время она проживает в Майами, штат Флорида.

Более подробную информацию можно получить на **сайте** www.esoterismomagia.com.

Алина А. Руби - дочь Алины Руби. В настоящее время она изучает психологию в Международном университете Флориды.

 С детства интересовалась всеми метафизическими и эзотерическими темами, с четырех лет занималась астрологией и каббалой. Обладает знаниями в области Таро, Рейки и геммологи. Она является не только автором, но и редактором, вместе со своей сестрой Анжелиной А. Руби, всех книг, изданных ею и ее матерью.

За дополнительной информацией обращайтесь к ней по электронной почте: **rubiediciones29@gmail.com.**

www.ingramcontent.com/pod-product-compliance
Lightning Source LLC
Chambersburg PA
CBHW081145130726
47996CB00009B/2992